待つ心、瞬間の力

神の「代打の神様」だけが知る勝負の境目

桧山進次郎

廣済堂新書

はじめに

プロ野球は特殊な世界。そう考える選手やファンもいるだろう。私も阪神タイガースの一員となってプロ野球の世界に入るまではそう思っていた。しかし、現役生活を送っていく中で、そんな考えは消えていった。確かに、普通の会社勤めと違って多くの人から注目される仕事ではある。ただ、仕事の本質というのは、どんなジャンルであれ同じ。私がこうした心境にたどりついた理由の1つとして、ほかの選手よりも多くの役割を経験してきたことと、野球界だけでなく、他分野・異業種の方々と交流してきたことが大きいと思う。

一軍と二軍を行ったり来たりする「エレベーターボーイ」と呼ばれた若手時代から、阪神タイガースの4番、選手会長、そして代打専業。そんないくつもの役割を経験していく中で見えてきたことがある。

本書のタイトルは『待つ心、瞬間の力』とさせていただいたが、正しく「待つ」ことができれば、それは自然と「準備」することにつながっていく。

どんな場合でも、あせらずそのときに備えて「待つ」。つまり、「待つ心」とは、来たるべき出番までにいかにして準備をし、心身の熱量を高めていくか、その方法論のようなものと考えていただければ、わかりやすいかもしれない。

急にではなく、徐々に、ある程度まで高めていったモチベーションを持続させる。すると、勝負どころの1球をバットでとらえる際の「瞬間の力」を、最大限に発揮することができる。

8年もの代打稼業によって、私はとくにメンタルコントロールを培《つちか》ったように思う。代打は待ちの時間が長いうえにチャンスはその試合で1度だけ。守備で挽回する機会もない。それも、ほかの選手の出番に代わって出ていく。監督やチームの期待、ファンの声援。様々なプレッシャーをかかえながら、どのような心構えで打席に向かうのか。

私が培ったメンタル術や、プロ意識を高く持つことによって得ることができた仕事術のようなものは、舞台こそ違えども、実はみなさんの仕事や私生活にも置き換えられるのではないだろうか。そこで、本書では私が現役生活22年間で学んだことを、少しずつ紹介していきたい。

まず冒頭の章で、本番への準備の精神的土台とも言うべき「待つ心」を磨いていくことの重要性について語らせていただいた。

それは、代打としての出番をベンチで待つとき。チャンスで打席に立ち、ピッチャーと対峙《たいじ》して1球目を待つとき、などなど。

そうした多くの機会を経て、待つべきときはあせらず待てる精神状態の作り方がわかってきた。「待つ心」を磨けたからこそ、結果につなげることができたと思っている。

もちろん、だからといって単に待つだけではダメ。結果を出すため、同時に必要なのは、準備する姿勢だ。待っている最中に、しっかりと準備をすることが重要と言える。

野球がうまいというだけで、プロの第一線で活躍し続けるのは難しい。勝負に向けてどのような意識づけで日常の練習に取り組み、心のギアを上げていくのか。この準備の核となるプロセスを次の章で説明していく。

そして、準備することなどと同様に、タイミングを見抜くことも大切だ。これを第3

章で解説させていただいた。阪神タイガースに入団してからリーグ優勝を果たすまでの12年間、このタイミングを見極める力が必要な場面に、私は何度も遭遇した。

長く低迷していた阪神が、2003年にリーグ優勝。私は4番打者として出場させてもらうかたわら、選手会長を務め、チームのまとめ役として奔走《ほんそう》していた。

しかしながら、プロ生活すべてが順風満帆《じゅんぷうまんぱん》だったわけではない。どんな選手でもそうだろうが、私も大きなピンチを何度か経験し、周囲の方々のアドバイスなどもいただきながらそれを乗り越えてきた。このときに学んだ私なりの経験を第4章で述べさせてもらった。難局でも揺るがず、機を見て打開していく強い信念についてだ。

これら途中で触れるテーマは、「待つ心」や「瞬間の力」をつかむことにも深く関係する。

そして最後に、とくにお伝えしたかった「瞬間の力」を極める方法について解説してみた。積み重ねた経験と培ったメンタルで、本当に大事な瞬間に、最大限の力をどう発揮するかだ。

みなさんもご存じのとおり、代打は、いつどんな場面で起用されるかわからない。それはリリーフピッチャーも同じだが、彼ら投手たちは代打で出てくるバッターに対して、普段以上の警戒心を持って勝負に挑んでくる。だから、技術もさることながら、瞬時に相手の考えを読みとり、そのうえでバットを振り抜く思いきりの良さも代打には求められる。

「桧山、行くぞ」

監督のこのひと言を聞いて、瞬時に準備を終え、心身のエンジンに点火できなければ、ヒットを打つことも、チームの勝利に貢献することもできない。

そんなギリギリの攻防の中で生きていたからこそ、持てる力をいかにコントロールできるかが、必要不可欠のスキルなのだ。

本書をみなさんの日常生活に通じるヒントに役立てていただければありがたいと思う。

同時に、様々なテーマを語るにあたり、阪神時代はもちろん、幼少期から高校・大学などプロ入り前のことまで、引退した今だから話せるエピソードや、解説者として経験したことも多く盛り込んでみた。

阪神ファンのみならず、野球ファンすべてに、ぜひ楽しんでいただきたい。

桧山進次郎

目次

第2章 準備で勝利する～舞台に上がるまでにやるべきこと～ 41

第3章　タイミングを見抜く〜あの年、阪神が優勝できた理由〜　79

第1章

「待つ心」を磨く

～「代打の神様」は一日にして成らず～

70～80％の力で待つ

選手生活の晩年、マスコミやファンの方々から「代打の神様」というありがたい称号をいただいていた。

でも、自分がそこまでの領域に達したとはとても思っていない。

代打専業の選手はバッティング練習だけをしているイメージがあるかもしれない。けれども、私は引退するまで、走攻守すべての練習を欠かさず続けてきた。

目標はレギュラーへの復帰、常にスタメン出場だった。

もちろん現実はそう甘くはない。レギュラー奪回を目指しながら、代打として約8年間、試合に出場し続けた。

それを目指す過程で様々なことも学んだ。

その1つが「待つ心」だった。本章では、待つことでようやく見えた「なにか」について解説していきたいと思う。

もちろん、ただなにもせずに待つわけではない。

「ここ一番の瞬間で、最高のパフォーマンスを発揮するにはどうすればいいか」

常にそれを考え、来たるべき勝負どころに備えていた。

野球では、自分に巡ってくるチャンスの数は、決して多くはない。

とくに代打はそうだ。

監督に「出るぞ」と言われて、立ち上がると、前のバッターが併殺であえなくチェンジ。逆に直前の打者がタイムリーを放って走者一掃。試合展開が大きく変わり、代打策は消滅。いったんベンチに引き下がる。

ここで、いかに気持ちを切り替えられるか。

もし、この準備の段階で気持ちを頂点にまで持っていっていたなら、再び声がかかったときに、瞬間的にモチベーションを高めるのは楽ではない。

反対に、自分の予想しないところで声がかかり、いきなりスイッチを入れる必要がある場面も難しい。

このように、状況は刻一刻と変化するので、「ただ出番を待つ」ということだけで心身ともに削られていってしまう。

代打にとって、待つこと、そして気持ちを高めることとは、リスクの高い賭けでもある。タイミングを見誤ると、それまでにかけたエネルギーはすべて水の泡。それどころか、次のチャンスに再び準備をしなくてはならない。このようなことを何度も何度も繰り返しているうちに、心身ともに摩耗《まもう》し、いざというときに本来のポテンシャルを発揮できずに終わってしまうこともある。

準備は、もちろん大切だ。そのうえで、状況がどんなに変化してもあわてず、次の出番を待てる心構えや精神の強さが、瞬間的な力を発揮するために必要なのではないかと思う。

先発で使われている選手は1回失敗しても次の打席がある。守備で挽回するチャンスもある。

しかし、代打として出場するチャンスは1試合の中で1度きり。それも毎試合あるわけではない。そこで失敗すると、悪いイメージだけが残ったままということが多々ある。

かく言う私も、そんな経験を何度もしてきた。

なかなか出番に恵まれず、試合がさらにもつれて延長戦。私は準備を何度もしたが、結局、呼ばれないまま試合終了。こんなことも数えきれないほどあった。

野球には、「代打の代打」という起用法がある。いったん告げた代打選手に代えて、さらに別の選手を打席に送るという作戦である。

私は、「代打の代打」を出されたこともあるし、逆に「代打の代打」として起用されたこともある。

代打に代打を出されたとき。

せっかくチャンスで起用され、「よし！」と気合いを入れたところで、相手チームが左打ちの私に対して左ピッチャーを送る。そこで我が軍も私のさらに代打として別の右バッターの名前を告げる。

正直、ショックである。でも、そこで腐っていても仕方がない。「もっと力をつけて、どんな場面でも勝負させてもらえるような信頼を首脳陣に持ってもらわないと」と気持ちを切り替える。

反対に、「代打の代打」として起用されるときは、いつも以上に熱いものを感じていた。いったんは名前が場内にコールされたものの、打席に立つことなく交代を告げられベンチに帰ってくる選手の気持ちが、前述したように痛いほどわかるからだ。

同時に、チームとしても、貴重な戦力をロスしてまで自分に期待をかけてくれていることも感じた。

どんな場面でも全力で挑むというのは当然のことなのだが、その中で自分の気持ちをコントロールできないと、本来の力を発揮するのは難しい。

では、精神をコントロールするためには、どうしたらいいのか。

私に課せられた使命は、「ここぞ」という場面での安打だ。この目標を達成するには、打席に立ったときのモチベーションを100%とするなら、試合の終盤にかけてうまく70~80%をキープしつつ、出番に向けて徐々に上げていくことが重要だ。初回から一気に100%まで上げても、最後までそれを持続するのは困難なこと。これは、「気を抜く」という意味ではない。自分の場合は、序盤からの出番はなかったので、言わばアイドリング状態で少しずつモチベーションを高め、試合終盤に入っていけるような準備をする。

その作業をしつつ、相手チームや投手の直前のコンディションも加味しながら自分なりに試合を読む。さらに監督の代打起用の癖も考える。

こうした要素を組み合わせていくと、待つことの余裕が生まれ、落ち着いて試合の展開を予測できるようになる。

イニングの状況、自軍の選手の駒と、監督の選手起用スタイル。そして同様に、相手チームの駒とその監督のスタイル。これらを組み合わせて、自分の出番を読む。さながら、将棋やチェスで先の指し手を読むがごとく、だ。

「桧山、行くぞ」

と、監督から声がかかり、ほかの選手の代わりに、表情を崩すことなくベンチを出ていく。

これが、ここ一番の大事な場面で最高のパフォーマンスを発揮するためにたどり着いた桧山流の「待ち方」なのだ。私の代打稼業におけるすべては、この精度を高めることから始まった。

出番を待つ代打稼業の心得

チームが考えるタイミングに自分の気持ちをうまく合わせられない状態で起用を告げられることも、幾度かある。

先ほども書いたように、出番を待つときのモチベーションは常に70～80%をキープ。そこからバッターボックスで一瞬のあいだに100%まで持っていく。というよりも、持っていかなければならない稼業である。

けれど、そういった心構えがあっても、やはり多少なりとも戸惑うことがある。私は長いキャリアを重ねることによって、試合の流れを読む力はそれなりについてきたように思う。「この展開ならこのタイミングで自分の出番が来る」と、だいたいわかるようになった。

それでも、代打起用を決めるのが自分でなく監督である以上、どうしても予想外のタイミングというのは発生してしまう。

だからといって、準備不足で打席に立つのは、代打としては自殺行為だ。気を抜いてはいけない。

ときには、中盤あたりで悪い流れを断ち切りたいときに、私に代打の出番が巡ってくることがあった。とまどいを隠せず、思わず「えっ?」と聞き返したくなるところを、グッと飲み込む。そこで言葉を発してしまうことによって、よけいに心が揺れ動いてしまい、代打としての使命を果たすことができなくなってしまうおそれがあるからだ。

さらに、代打稼業になったときの私は、年齢も上でチームを冷静に見つめる立場でもあったため、そんな選手が狼狽《ろうばい》すれば、チーム全体にそれが伝染してしまう。そのような浮き足立った状態を対戦相手のバッテリーに気づかれれば、結果は火を見るより明らか。やるかやられるかの一発勝負。

代打は、相手に恐怖心をいだかせないといけない稼業だ。それだけに、「準備不足で出てきているな」などと思われるようなことは避けなければいけない。

本音を言えば動揺することも少なからずあるが、「冷静になれ。大丈夫だ」と自分に言い聞かせるように何度も実際に口にすることで、気持ちを落ち着かせ、前向きにする。

それは打者に限らず、ブルペンで控えている投手にも同じことが言える。

代打は、ピッチャーに例えるなら、たった1人のバッターと対戦するためだけに登板するワンポイントリリーフに近い。

数球を投げて終わりというリリーフピッチャーであっても、登板に至るまでにはブルペンで何度も肩を作り直したり、ときには、相手チームが代打を起用したためにわずか数球のウォーミングアップで急遽《きゅうきょ》登板という場合もある。そういった意味では、試合途中で起用される投手は、代打稼業と似た境遇にあると思う。

本格的に代打の切り札と言われるようになったときには、自分なりにモチベーションを上げるためのルーティンワークを作った。

私にとって、試合の序盤は読みの時間だ。前半で大差がつけば出場機会がない可能性もあるが、基本的に中盤あたりから体を動かし始め、試合の動向を気にかけながら、準備をしていた。

こうして汗を流してコンディションを整えると、再びベンチに戻って試合の流れを確認し、自分の出番を読む。

また、ベンチから出てグラウンドを見つめることもある。お客さんの歓声を肌で感じたり、ナイターの照明に目を慣らしたりもする。試合の雰囲気を体感することで、モチベーションを上げるためだ。

そうすることで、「程良い」緊張感と平常心を私は保つことができていたのである。

代打の出番を待ちながらもチームを鼓舞

私は代打で出場するかたわら、ほかの選手たちの気持ちが落ちているときには積極的に鼓舞するよう心がけていた。出番まで緊張感を徐々に高めつつ、チーム内の動向も注視していた。

ここで、リーダーシップについて話してみたい。

リーダーシップは知識や野球の技術だけでは成り立たない。

では、生まれ持った素質か。いや、それも違う。カリスマと言われる強烈な個性は人を惹《ひ》きつける能力ではあるが、リーダーシップとは違うものだ。球界を代表するような選手でも、自分のことで精一杯だと、リーダーになるのは難しい。

私は、リーダーシップは社会経験とともに、日々の生活の中で自然と生まれるものだと考えている。

周囲からの絶対的な信頼と、目配りや気配りができる選手こそ、リーダーの資質があるのだ。

それには自らが培《つちか》ってきた経験でチームメイトを正しい方向へ導ける人がふさわしい。

だが、いつの時代も、世代間ギャップというものが存在する。とくに若いころは、我が強いというか、自分のことしか考えられない選手がほとんどだ。ただ、若いころはそういうものであり、私自身も、実際そうだったと思う。

世代も性格も異なった集団をまとめるのは、実に大変な作業だ。アドバイスされれば、「わかりました」と、いちおうは答える。

そのアドバイスが若手選手に届いたかどうかはわからない。響いているのか、聞き流されているのか。傲慢《ごうまん》なタイプでないからといって、必ずしも扱いやすい選手とは限らないのだ。

自分も思い当たる部分があるからわかる。やはり、若い選手を納得させられるような接し方ができなければ真のリーダーたり得ない。

自分が若いころの先輩方はどう振る舞っていたのか。そういった部分を思い出して参考にさせていただいていた。

まず、大切なのは、人間観察と分析。

こうしたスキルは、人と接するときにも大いに役立つ。自分の個人的な価値観で会話をしても、興味がない人には聞き流されてしまう。自分のアドバイスを聞かせたいなら、その人が興味を持つように話さなければいけない。

一方的に上から「コラッ！」と言ってしまえば終わりかもしれないが、人によっては頭ごなしに怒れば怒るほど、萎縮《いしゅく》したり、逆に反発したりと、さらなる事態の悪化を招いてしまう場合がある。

「なぜ先輩が若手に気をつかわなければいけないのか」

そう考えたこともある。

そして、このギャップを埋めるには「下がる勇気」が必要かもしれない。会話をし、根気良く「待ちながら」接することが肝要なのではないか。

若手選手は先輩を見ている。

私が動くことで、自発的に後輩たちが動き出してくれるように待つことも、1つの「リーダーシップ」ではないだろうか。

レギュラーへの意欲

私にとっての野球とは、打って走って守ること。この3つが揃《そろ》って初めて野球選手と呼べると思っている。

しかしながら、代打は野球の1つの役割しかこなせない。

「プロ野球選手としてのアイデンティティが失われていくのではないのか」

代打を続ける中でそんな考えがよぎり、不安で仕方がない時期があった。

この不安を払拭《ふっしょく》するため（もちろんそれだけの意図ではないが）、私は、代打としての役割をチームに求められていた時期でも、守備練習を決して欠かさなかった。いつ呼ばれても対応できるように、「まだ、スタメンで行けるぞ」とアピールしていた。

やはり、レギュラーへの意欲は絶対に捨てきれない。捨てた時点でプロとして終わりだと思っていた。

ピッチャーを除いた野手のポジションは8個あるが、当然ながら先発で出られるのは各ポジションに1人だけ。イス取りゲームなのだ。これに勝つために、若い選手に対しても常に競争心を持ちながら練習をする。ときにはケガで登録を抹消《まっしょう》されるレギュラー選手だっている。そんなことまで見越して準備をしていた。

バッターは3割打てれば一流。

数字上では、ピッチャーのほうが圧倒的に有利なのはどのバッターでも一緒だが、ほんの少しのことで、結果が天と地ほど変わってくる。

1打席を無駄にするバッターは活躍できない。代打稼業を続けていると、わずか1球、そして一瞬の力の大切さがより身にしみる。

レギュラーをあきらめたくはない一心で練習に励んではいたが、2010年以降、私が先発出場したのは数えるほどしかない。それでも、費やした時間は自分にとって貴重な経験だったと、引退した今でも感じている。

年齢を重ね、キャリアを積んで気づくこと

新人当初は自分のことで精一杯だった。だからこそ、わがままで自己中心的なプレーがたびたびあった。

あるとき、チームの先輩であり、現阪神監督の和田豊さんと食事に行くことがあった。その席で私は愚痴《ぐち》をいろいろと聞いてもらったのだが、若さと酒の勢いに任せて、普段は抑えているものがどっとあふれてしまった。その中には、タブーとも言える「上」に向けてのものも含まれていた。

ところが、どれほど私が熱くなっても、和田さんは聞いてくれるだけで決して同意をしなかった。それどころか、すべて同じ答えですますのだ。

「お前ももう少し年齢を重ねて立場が変われば、いろいろとわかってくるよ」

その返答に正直、戸惑っていた。言わんとすることはなんとなく理解できる。でも、モヤモヤした気持ちは消えなかった。

和田さんの言葉の意味を本当に理解することができたのは、30歳を過ぎて選手会長に任命されてからだった。

選手会長というのは、野球はもちろんのこと、ときにはプレー以外でもチームの中心となり、選手たちの考えをまとめて、球団と話し合いをしなければいけない。

より良い着地点をさがすため、なるべく多くの人の意見を聞くようにした。

例えば、選手会の納会でいろいろな選手が私に意見をぶつけてきたことがあった。その中には「なるほどな」と思わせるものもあれば、個人的でわがままな主張があったりと、様々な声が飛び交っていた。

人数が多ければ、全員が納得できないこともある。最終的には私が球団に話を持っていくのだが、その前に選手会幹部でみんなの意見を集約しておかなければいけない。

「どうすれば、球団と選手のいい橋渡しができるのか」

常にそれを考えていた。

そんなときに、よく相談に乗っていただいていたのが八木裕さん（先代の「代打の神様」で、現阪神二軍育成チーフ兼打撃コーチ）と広澤克実さんだった。

生え抜きである八木さんは、私の2代前の選手会長であり、そのときの経験も踏まえての助言は的確で、非常に心強かった。

また広澤さんには、過去に所属していたヤクルトや巨人での状況を教えていただき、私の視野がずいぶんと広がった。

そうした先輩たちの貴重なアドバイスも参考にしつつ、みんなの声をまとめて、選手会としての方針を決める。そのあとは、意見が異なっていた選手にもきちんと説明するように心がけた。

私は元来、人に嫌われても平気な性格ではない。むしろ八方美人なほうかもしれない。選手会長になる前は、場の空気を悪くすることがないように、自分なりに考えてコミュニケーションをとっていたと思う。

それが選手会長ともなれば、どこかで線引きをして、私がある意味、悪者を演じなければいけない場面も出てきた。集団行動の際の舵《かじ》取りは、相反する部分が多かった。

そんなとき思い出したのが、

「お前ももう少し年齢を重ねて立場が変われば、いろいろとわかってくるよ」

という、先に記した和田さんの言葉だ。

あの意味はこういうことだったのか、と。

やはり和田さんの言うように、年齢を重ね、キャリアや実績を積み、多くの立場を経験してからでないと見えないものは確実にあるのではないだろうか。

私が選手会長をやらせていただいた01年（就任は00年オフ）から03年は、外部から監督を招聘《しょうへい》し、選手も大幅に入れ替わるなど、改革期だった。

それだけいろいろな考え方の選手がいたこともあって、チームの和を作るのに時間はかかったものの、振り返ってみると、やって良かったという思いしかない。すでに30歳を過ぎていたが、新たに経験することばかりで、野球しか知らない自分はこのとき、本当の意味での社会人になれたような気がした。人生において計り知れないプラスをもたらしてくれたように思う。

選手会長時代の話は第3章でも触れてみたい。

個人の記録や考えがチームに及ぼす影響

04年の8月25日。大阪ドームで行われた横浜（現横浜DeNA）ベイスターズとの一戦で、通算1000本安打を達成した。

節目の記録であり、自宅にはそのときのボールを飾っている。でも、センター前ヒットだったことぐらいは覚えているが、本当にその程度で、あまり印象には残っていないのが正直なところだ。

というのも、あのころは35歳。自分ではまだまだやれると思っていた。だから、単なる通過点としか考えていなかったのだ。

確か残り5本を切ったあたりで、試合の前に球団関係者が来て、

「1000本安打を達成したら、塁上に花束を持っていきますので」

と教えてくれていたと思う。それでも、試合が始まってしまえばそんなことは頭から消えていた。

私は体がそれほど大きいわけではなく、ファンを大喜びさせるパワーヒッターでもない。派手な守備を見せることも決して多くはなかった。どちらかというと、地味なことでもコツコツと積み重ねてきた選手だと思う。でも、それをやり続けることによって瞬間の勝負にも勝つことができた。

ヒットを打ち、いかにチームに貢献できるか。また、たとえアウトになったとしても、その打席でチームにどれだけ影響を与えられるか。そちらのほうが重要だと考えている。これは、先発であろうが代打であろうが同じ。

団体スポーツは、個人の考え方ひとつでチームを崩壊させることもあれば、逆に、勢

2004年8月25日の横浜戦でセンター前ヒットを放ち、1000本安打を達成。

いづかせることもある。

プロ野球の選手である以上、個人の記録ももちろん大事だが、それ以上に優先すべきはフォアザチームの意識ではないだろうか。長いシーズンの中で、それが薄れた選手が増えるほど、優勝が遠のいていくと思う。

スランプ脱出法

スランプにおちいったときには、なにをやってもうまくいかないことがある。結果が出ずにあせるあまり、ハードな練習。どこをリセットすれば、もとに戻るのか、長いトンネルが果てしなく続いているような感覚にさいなまれてしまう。

実際、私も若いころは、結果が出ないときこそ練習しかないと思っていた。

だが、そこで冷静に自分を見つめ直すことが大事だ。今の体調はどうなのか。まずそこをクリアしなければ、いくら練習に時間を多く費やしても問題は解決できない。

ましてや、「気持ちと体がアンバランスな状態で無理に練習」→「ケガをしてしまう」→「スランプどころか野球すらできなくなる」といった最悪な流れにもなりかねない。

とくに若いときは、元気もあるので、体調の変化に気づきづらい。

スポーツや武道の心得を表す古い言葉に「心・技・体」というのがあるが、私は、これに順番をつけるとするなら「体・技・心」だと考えている。体が万全で初めて技術を必死に磨くことができる。その結果、自信もつき、気持ちも充実してくるのではないだろうか。

野村監督下の00年シーズンは、現役生活の中で最も成績面などで苦しんだ年だった。レギュラーから外され、打席に立てるのも代打のみ。決して好調とは言えなかった前年からさらに、打席数も大きく減った。スタメンとして出ていた選手が、試合のほとんどをベンチですごさなければいけないことほど屈辱的なことはない。

そんないらだちを抱えたままで、苦境脱出のきっかけになるような練習ができるわけがなかった。

「自分のどこを直したら、また試合に出してもらえるのだろうか」

そんな気持ちばかりが空回りして、いろいろな打撃フォームを試したりもした。

「試合に出たい」

そう思う一心で、技術的な部分の改善ばかりに意識が向かっていたのだろう。レギュラーの座が遠のくのも当然だったと、現役を引退した今ならわかる。

なにをやってもうまくいかない。まさに完全なるスランプ状態だった。

「少し休んでみてもいいかもしれない」

と、私は頭を冷やす意味でも、初めて練習よりも疲れを取ることを優先させてみた。

その結果、気づいたことは、自分があせるあまり、いかに強引な練習をしていたかだった。素振りひとつとっても、毎日自分が納得いくまでやれば、それだけ全身に負荷がかかる。スランプなうえに明らかに疲れがたまっているような選手は首脳陣も使いづらい。

体調を戻しつつ立ち止まって考えることで、自分の欠点を見つけられた。

「今の自分に、なにが足りないのだろう？」

冷静になってみると、まず体調を万全にすることがスランプ脱出の第一歩だということがわかった。しっかりと動ける体になって、初めて「ここもダメだ、あそこもダメだ」と具体的なタイミングの取り方やフォームの乱れなど、技術的なアラを見つけられるようになったのだ。

その結果、翌01年は、ようやく自分に合ったバッティングスタイルを確立でき、121試合に出場。レギュラーにも再定着することができたうえに、プロ入り後、初めて打率3割をマークし、シーズンを終えられた。

そしてなによりもうれしかったのは、このスランプこそが03年のリーグ優勝への足がかりになったこと。

あの優勝は私にとって、ちょうど苦悩の日々から抜け出せた末の大きな大きな栄光でもあったのだ。

結果が出ないときには、技術練習もいいが、体の手入れをするなど、前向きな休息をとることも必要かもしれない。それと同時に、自分自身を見つめ直す作業を採《と》り入れてみてはどうか。今の自分の体調はどうか、まわりから自分がどういうふうに思われているか。これは、対戦相手に限らず、チームメイトや首脳陣からの第三者的な視点というのも含めて、落ち着いて考えてみること。そうすれば、また違ったアイディアが思い浮かぶことだってあるのではないだろうか。

一発勝負の厳しさ

06年から本格的に代打稼業を始めたのちに、気づいたことがある。勝負の瞬間、「絶対に迷ってはいけない」ということだ。

私が出ていくような試合終盤の緊迫した場面でマウンドにいるのは、ほとんどがトップクラスのピッチャーだ。ストレートは速く、変化球も抜群。すべてのボールが一級品である。球種を絞っても、打ち返すのは容易ではない。まして、すべての球種に対応しようというのは至難のわざだ。

そして、狙っていた球が打てるコースに来たにもかかわらず、それをとらえきれずにファウルにしてしまえば、勝負はほぼ負けと言っていい。一線級のピッチャーから失投がもう1球来ることはまずないからだ。カウントを悪くした結果、完全にバッテリー優位の打席となり、打ち取られてしまう可能性がかなり高まる。

ファウルを続けているうちにタイミングが合ってくるのではないかと、考えるファンの方もいるかもしれない。確かに、ストレートが140キロそこそこのピッチャーならそういうこともある。しかし、各球団のセットアッパー、クローザーを任されているようなピッチャーは、だいたい140キロ台後半以上のストレートと落ちる球を投げてくる。そんな相手に、何球もファウルを重ねているというのは、「必死で食らいついている」に過ぎない。

そのうち、精神的にも追い詰められ、

「ストレートかな？　変化球かな？　次はどっちだ？」

などと、そんなことばかりが頭の中をぐるぐると巡る。結局、迷いはいろいろな対応をしたいと思っている証拠でもある。どこかで失敗を怖がり、自分自身に保険をかけようとしているのだ。

保険をかければかけるほど、全力で勝負にいけなくなる。あらゆるケースを想定しているから、どんな球が来てもスイングが中途半端になってしまうのだ。この話は第5章でも触れるが、打席で瞬間的な勝負をする中での意識のズレは、バッターの集中力を一気に奪う。

それでも、レギュラーであれば、まだそういった戦い方を実践するのもありかもしれない。次の打席、あるいは翌日以降の試合に生かせるからだ。

代打の場合は開き直って、「この球が来れば、完璧に仕留めてやる」と、1つの可能性に絞ったほうが瞬間の力は発揮しやすい。

「これで打てなかったら仕方がない」

それぐらいの気持ちでバットを振る。とにかく意識を一本に絞らなければ、代打で最善のバッティングはできないと私は考えている。

第2章

準備で勝利する

～舞台に上がるまでにやるべきこと～

いつでも兄の背中を追いかけて

甲子園球場を初めて訪れたのは高校野球の観戦で、1982年の春のセンバツだった。私は当時、小学6年生。父の母校である西京《さいきょう》商業高校（現西京高校）の応援のためだったが、あのときの風景は、今でもはっきりと思い出せる。

巨大なスタンドを埋め尽くした観客が一体となって選手をあと押しし、1つひとつのプレーに一喜一憂する。

対戦相手は、のちにヤクルト（現東京ヤクルト）スワローズなどで活躍した、あの荒木大輔さんの早稲田実業。1対3で敗れたのだが、グラウンドに立つ両チームの選手の姿は、野球少年だった私にとってまさしくあこがれの存在だった。自分もいつかあの舞台に兄と一緒に立ちたいと強く思ったものだ。

その夢をサポートしてくれたのが父だ。若いころにピッチャーとして野球をやっていた父は、地元では少しは名の知れた存在だった。息子をプロ野球選手にさせたい親は世間でもけっこういるだろうが、うちの父ほどの情熱を持って我が子を指導する親はなかなかいないのではないか。

そんな桧山家において、ピッチャーとしておもに鍛えられていたのは2つ上の兄だった。弟の私も物心ついたときから野球をやっていたが、家の中では手伝い役のような位置づけ。明確な役割分担があった。

桧山家では、近所の公園で練習するのが日課だった。兄が投げ、それを見ている父が指導をする。

「アウトローに構えとけ」

小学生の低学年だった私はというと、父に言われるがまま、兄の投げる球を黙々と受けていた。

「今、何球？」

兄に聞かれると、私が球数を伝える。

決められた球数を投げ終わると、今度は父が兄に「走れ！」と号令。一瞬おいて、私と父の目が合う。間髪をいれずに、「お前も一緒に走らんか！」と言われる。

小さいながらも、兄の背中を必死に追いかけた。

走り終えて公園に戻ってくると、その日の練習は終了。それをほぼ毎日続けていた。

そして、兄が小学6年生のころ。ある日突然、父が少年野球チームを結成した。

当時、兄と私はすでにほかの少年野球チームに所属していたのだが、その新チームに自然と移ることとなる。エースは兄だった。思い返すと、あのチームは兄のために父が作ったものだったのだろう。

「なんとしても、大投手に育て上げる」

それぐらい父は、兄に入れ込んでいた。

スポーツだけではなく、勉強でも兄は優秀。学校でも生徒会長を務めたほどだった。兄を知る先生はやんちゃな私を見ると、「兄貴はしっかりしてるんやけどな」と必ず比較をしたが、不思議とコンプレックスを感じなかった。むしろ「俺の兄貴はすごいやろ」という誇らしさのほうが強かった。

そして、兄の同学年の人たちと野球もしていたので、自然とレベルも上がっていった。

今思えば、兄という手本が目の前にいたので、マネをするだけでいい環境にいた。どんなふうに兄が練習をしているのか。それを観察することで、弟は準備ができる。

私の野球への道は兄が作ってくれたのだ。

そんな兄とでも、１度だけケンカをしたことがある。

理由は思い出せないぐらいささいなことだったが、それを知った父は、

「兄貴にケンカを売るとは、どういうことや！　兄貴がいてお前がいるんや。将来どんなことがあっても、２人が仲良く助け合って生きていかなあかん」

と私を叱った。

父の教えによって、私は、「兄は自分にとって大事な尊敬すべき存在」という思いが染《し》みついた。そして、それは今も変わっていない。

残念ながら兄はケガが重なり、高校卒業後に野球をあきらめることとなった。それもあって、父の情熱は私へ向けられるようになり、さらなる猛特訓が始まるのだった。

スパルタ式野球術で甘えから脱却《だっきゃく》

普段の父との会話は、大部分が野球。それぐらい、父の頭の中は、野球のことでいっぱいだった。

そんな父は、朝起きて私たち兄弟の顔を見ると、「おはよう」のあとに必ず、「走ったか?」と聞いてきた。

それから学校に行き、授業が終わるとチームの練習に参加する。それを終え、帰宅して食事をすますと、兄はまたランニングとシャドウピッチングを、私はランニングと打撃練習をした。

小学校高学年のころには、ようやく父から本格的に野球を教えてもらえるようになっていた。その契機となったのが工場の改装だ。父は経営していた反物《たんもの》工場の半分をつぶして、なんと野球の練習場を作ってしまったのだ。

それほどまでに父は、子どもたちへの指導に情熱を燃やしていた。

私たち兄弟は、毎朝6時ぐらいに起床して走るのが日課だ。

兄は優しく「朝やぞ」と私を起こしてくれるが、怠《なま》け癖があった私は「うん、うん」と返事をするだけ。

着替え終えて準備が整った兄は、もう1度私を起こそうと「おい! 早く行くぞ」と呼ぶが、布団からなかなか出られない。そんな私を置いて兄は、1人でも必ず走ることをやめなかった。

父はそんな私を見て、「兄貴はよく走るのに、お前は全然走らんな」とずっと言い続けていた。

「お前はピッチャーとバッター、どっちを目指したいんや？」

ある日突然、父に尋《たず》ねられた。

打つほうが好きだった私は、「バッターがいい」と答えた。

すると父は、「バッターもいい選手になろうと思ったら、走らなあかん」と、私の尻を叩いた。

そしてもう1つ、幼少時代からよく聞かされていた父のセリフがこれだ。

「野球は平安や」

今の時代にはそぐわないかもしれないが、厳格な父は伝統を重視して、私たち兄弟によくそう言っていた。

京都で平安高校（現龍谷大学付属平安高校）というと、誰もが「野球の名門」というイメージを持つ。プロ野球界に多くの選手を送り出し、甲子園でも優勝経験がある強豪校として京都府内では別格の存在感を放っていた。

　私は平安高校で甲子園出場、それも兄と一緒にプレーすることを夢見て、中学から平安に入学した。

　中学の野球部の練習、加えて自宅での練習。いくら若いといっても体が悲鳴を上げないはずはなかった。

　だが、どんなに疲れていようが、自宅での練習を休むことは許されなかった。前述した朝練を終え、登校。15時半に授業が終わり、20時半まで平安中学での部活動を行う。それから帰宅して遅めの晩ご飯をかきこみ、21時半から23時半まではランニングと打撃練習。これが私に課されたスケジュールだった。

　たまに、ご飯を食べ終わるとそのまま寝てしまうこともあった。

　そんなとき、兄は私を置いて走りに行く。目が覚めてあわてて立ち上がると、すでに兄の姿はない。

　ランニングは時間にして約1時間。追いかけても30分程度しか走れない。ときにはすっかり寝すごしてしまって、23時や24時に目覚めたりする。そうなると、練習をする気すら失せてしまう。父が留守だとなおさらである。さぼる私を見て、「あんた、練習せんのかい?」と母が言う。「うん、うん」と答えながらも、横になって動かない。大変なのはそのあとだ。

夜中に帰宅した父は、そんなときに限って真っ先に私たち兄弟の部屋にやってきて、「やったか?」と尋ねる。練習を怠けていないかの確認だ。

私が正直に「やっていない」と答えれば、「今からやってこい」と告げられる。真夜中の打撃練習。バットから放たれる音は快音ではなく、静寂《せいじゃく》の中で響く騒音である。今考えてみると、防音対策をやっていたとはいえ、近所迷惑だったかもしれない。しかし、夜中だからといって、練習時間を短縮してもらうことはない。父の厳しさに心が折れ、泣きたい心境に襲われたことも、数えきれないほどあった。

それでも練習を終えると、寝ているところを起こされて強制的にやらされたはずなのに、毎回必ずといっていいほど充実感があった。

やはり、日々の練習をサボることへの罪の意識のようなものが子どもながらにあったのだろう。

こうして私は、父から、コツコツやる習慣を叩き込まれたのである。少しの時間でもいいから毎日続けることで、それがいつの日にか大きな差になる。

このように、高校、大学、プロと高いレベルで野球に取り組む前段階において、練習に対する心構えや準備ができたこと、継続する力を身につけられていたことは、私が選手としてプレーしていくうえでかなりプラスに働いたと思う。

野球づけでも勉強をおろそかにしない理由

82年に平安中学に入学して、私は恐ろしい勘違いに気づいた。

野球などのスポーツ校として知られていた平安は、中高一貫の特別進学コースを設けた新たなスタイルの学校へと生まれ変わっていたのだ。

私が入学した当時は、1学年2クラスで同学年の生徒は70〜80人程度。そのうちの8割がエスカレーター式に高校へ進み、有名大学を目指す。2年間で3年生までの分の勉強を終えるほど授業のペースもすこぶる速く、塾に行く必要もないぐらいに、教育環境は充実していた。

こうした校風ゆえに、日々の授業の予習は必須となっていた。

毎日、部活と自宅での練習が終わるのが23時半過ぎ。予習ができる時間は、そのあとしかない。体がクタクタになりながらも、私は机にかじりついて教科書を開いた。

もしかすると読者の中には、「学生時代の桧山は野球づけの生活で、勉強なんてする必要がないほど優遇されていたのでは？」と思っていた方もいるかもしれない。

だが実際は、野球以上に勉強もハードな中学時代を送っていたのだ。

授業中は、いつ先生から質問が飛んでくるかわからない。

そこで答えられなければ、「お前、勉強してきてないんか？」と怒られ、「明日から朝の８時に職員室に来い！」である。

予習を怠《おこた》ったばかりに、今度は野球の練習をする時間が削られてしまうのだ。

たとえ予習をしていても、英文の音読で１か所でも詰まると、そこから１週間、毎朝、職員室で先生とマンツーマンのレッスン。厳しい先生になると、「明日から野球の練習に出るな！」と言われる場合もあった。野球と勉強の両立を目指している生徒といえども許してはくれない。野球以外でミスをしてしまえば、なによりも大好きな野球ができなくなってしまうのだ。

「わからんのか？　予習してないのか、お前は！」

今の時代ではなかなかない厳しさかもしれないが、当時の平安中学ではこれが普通の指導だった。

野球エリートと呼ばれる人たちの学生時代は、「勉強は二の次。野球で結果を出せば、勉強でとやかく言われたことがない」というケースがあるかもしれない。だが、平安中学ではそれが許されなかった。

大変ではあったが、今振り返れば、この両立させざるを得ない状況も良かったと思っている。短い時間をどうやって有意義に活用すべきか、常に考える癖がついたからだ。自然と「効率のいい練習」「効率のいい勉強」を模索するようになり、たどりついたのが「合理的なスケジューリング」をすることだった。

私が入学したころの平安中学の野球部は、新入生を合わせてたったの15〜16人だった。中学で野球の軟式ボールを初めて触る部員を含めてこの人数だ。それでも効率的な練習を重ねたことで、先輩がいなくなった2年生での新チームでは、秋の京都府大会で優勝を果たした。そのときの部員はわずか11人。まさしく文武両道、少数精鋭という言葉がしっくりくるような中学生活だった。

自分で予習し、セッティングする。それは、おのずと本番への「準備」になる。このときに身につけた思考スタイルは、プロになっても変わらなかったように思う。

平安中学を出た私は、85年に兄を追いかける形で同じ平安高校に入学した。私が1年生で兄は3年生。もし、私が1年生でベンチに入ることができれば、兄弟での甲子園出場を目指せる。だが、現実は厳しい。結局、3年生を押しのけて1年生でベンチ入りすることはできず、3年生の兄が出場した夏の大会の京都府予選も、決勝で花園高校に敗北。兄弟での甲子園出場の夢は叶わなかった。

「1％の友だち」を作る

2014年の春のセンバツ。母校が優勝し、私まで幸せな気持ちに浸《ひた》ることができた。続く夏の大会も京都府予選を勝ち抜き、連続での甲子園出場を決めている。しかし、自分の高校時代は、甲子園に出場することすらできなかった。

とくに、高校最後の3年生の夏（87年）は、私にとって苦い思い出だ。京都府予選で、まさかの1回戦負け。その瞬間、子どものころからいだいていた甲子園の夢は、はかなく散ってしまった。

しかし、甲子園の夢がついえても、野球を続けたいと考えている生徒は多くいる。そういった選手は、この夏休みの期間を利用し、大学の合同テストを受ける。

父のすすめもあって進学先は東京の大学と決めていた私は、東洋大学野球部のセレクションに参加した。

大学のセレクションとは、いわゆるスポーツ特待生選抜試験のようなもの。通常の入学試験の代わりとして体力測定や野球部の練習に参加し、そこで見せたパフォーマンスと、高校での内申点で合否が決まるというものだ。

当時の東洋大学は、野球部のセレクションで入学した場合、経営学部に在籍するのが通例。ただ、私が受けるころには経営学部の枠は埋まってしまっていて、残っていたのはこの年から始まった法学部のスポーツ推薦での1枠だけ。私は、この法学部に受け入れていただいたのである。

通常、東洋大学では、スポーツ特待生として入学すると、同じ野球部同士で授業を受けることになる。しかし、法学部に所属していた私は、授業を受ける時間帯が違うため、単独行動を余儀なくされた。

しかも、紺のブレザーに赤いネクタイというきちっとした格好で授業に出ることが野球部の方針として決まっていた。

自由な服装の学生たちの中に入れば、私の動向は同級生や各教授から一目瞭然《いちもくりょうぜん》。必然的に顔と名前を知られることになり、授業に出ているかどうかはもちろん、遅れてきたり、寝ていたりすれば、丸わかりとなった。

運動部に好意的な教授ばかりではなく、単位取得に苦労したこともあったが、後述するような形で2年生の秋に首位打者になった直後、ある教授から「桧山君、すごいじゃないか！」とほめられたり、卒業するときには、法学部初のプロ野球選手ということで、学部長の先生に呼ばれて「頑張れよ！」と激励されたりもした。

また、阪神ファンの教授は、卒業してからも、大学の式典などに出席するたびに声をかけてくれる。

1人だけ法学部というのは、最初は寂しくもあったが、振り返ってみればメリットも多かったように思う。

また、人間関係においても、この状況はいい方向へと転がる。

通常、幼少期から野球を続けている学生は、「野球つながり」の友だちが多くなりがちだ。それまで野球中心の生活を送っていた私もまた、周辺の友人は野球関係の人間ばかりだった。

しかし、東洋大学での私は、法学部在籍の唯一の野球部員。大学に入ってからは今まで出会ったことのないような友だちが急激に増えたのだ。その友人たちは、それまでの私からすれば、1％くらいの確率でしか出会いそうにない人たちばかり。私はそれを略して「1％の友だち」と自分なりに呼んでいた。

最初は野球部のマネージャーに頼み込んで、同じ法学部在籍のラグビー部員や陸上部員、バスケット部員らの友人を紹介してもらい、授業の情報交換を行うようにした。するとたちまち友だちの輪は広がった。法学部の授業に行くと、ラグビー部の同級生が「おお、桧山。こっち来いよ」と手招きをしてくれ、学食に行けばスポーツとは無縁の同級生が、「こいつ、野球部の桧山っていうんだよ」とまた同じような仲間たちを紹介してくれる。

そのおかげで私は、野球部以外の数多くの一般学生たちとも交流をすることができた。これまで、野球中心の生活を送ってきたため、「１％の友だち」との会話は実に新鮮だった。

大学時代、一般学生の友だちといるときは、ほとんど野球の話をしなかった。けれど、そんな友人も私が徐々に試合に出始めると、神宮球場まで応援に駆けつけてくれた。

中には野球のルールがわからない友だちもいた。それでも、応援に来てくれるだけで感謝、感激だ。知人のいなかった東京で自分のことを応援してくれる人がいるのは、プレーの励みにもなる。

体育会系の友だちと、練習や部活生活について会話をすることも、モチベーションを保ち続ける手助けとなった。

将来への展望はもちろん、部活での苦労話を語り合うことは、自分の視野を広げるうえで役立った。

ほかの部の学生も、種目は違えども同じスポーツマン。彼らの部活での目標や大変さを知ることは、マンネリ化した自分の考えに対して刺激的だった。

しかし、苦労話といっても単に、傷のなめ合いをするわけではない。

「つらいのは自分だけじゃない！　負けずにやらなければ」

彼らの話を聞き、自分自身にそう言い聞かせた。

他ジャンルでありながらも、他人の苦労話は自分自身へのエネルギーにもなり得る。これが同じ野球部員同士なら、考え方も似たようなものになり、どうしても視野が狭くなりがちだ。

いろいろな角度から物事を考えたり、自分を見つめ直したりする機会があればあるほど、自分自身を磨くチャンスとなる。

「1％の友だち」を作るのは難しい。

個人の生まれ持った性格もあるだろうが、歳《とし》を重ねれば重ねるほど、さらに難しく、怖くなっていく。

けれど、私は大学時代の「異業種交流」で、すでに「心の準備」を作ることができた。立場の違う人間と会話をする重要性は痛感している。

プロでの現役生活を送る中でも、私はこの刺激の重要性を忘れたことはない。プロとして初めて異なるスポーツの選手と出会って衝撃を受けたのは、プロボクサーの名城《なしろ》信男選手だった。05年1月、グアムで一緒に行った自主トレでは、名城選手のハードな練習に驚かされっぱなしだった。当時、4月に日本タイトル戦を控えていた彼は、その練習をこなしながら、ボクサーならではの綿密な体重管理も同時に行っていた。必死になって取り組む姿は私にとってまさに衝撃的であり、自分の甘さを思い知らされた光景でもあった。そして、彼と出会ったことで、「名城選手を見習え。自分もこのままではいけない。もっとやらなければ」と言い聞かせるチャンスにもなった。

名城選手は日本タイトルマッチを制し、翌06年7月に世界スーパーフライ級のチャンピオンになった。当時、決して有名ではなかったボクサーが頂点に立つまでの軌跡をまざまざと見せつけられたのである。

柔道家であり、オリンピック3連覇を果たした野村忠宏選手とも、11年1月に自主トレを行った。そのころすでに野球界、柔道界では、ともに高齢選手。同じおっさんアスリートとして刺激し合って、練習したのをよく覚えている。

個人競技、団体競技とスタイルは違えど、その姿勢には、効果的に練習を行うためのヒントとなるなにかがある。

むしろ畑が違う人間の意見だからこそ、気づかされる点もある。

自分と同じ競技をする人は、同じような考え方でその競技を見ている場合が多い。その点、別のスポーツの競技者との会話では、自分の中にはない視点を手に入れられる。

さらに、スポーツとは無関係の分野で活躍する人の話も興味深い。

現役時から、様々な実業家の方や企業関係者と交流させていただき、その方々が経営する会社の話などをよく聞かせてもらった。一般企業に就職した経験のない私が、野球にまったく関係のない社会のことをいろいろ知ることができたのも、そうした方々との付き合いによるところが大きい。

これからも、様々な人との出会いや交流があるだろう。

「異業種交流」を意識した東洋大学時代は、2年秋に首位打者を獲得した。

そんな人たちと、またお互いがプラスになるような付き合いができれば、これほどうれしいことはない。

実家を出て初めての寮生活

東洋大学への進学は、初めて親元を離れることとなったので、自分を見つめ直すいい機会になったと思う。

ただ、本音を言えば、あのときは不安しかなかった。友人知人がまったくいない東京という場所。そして、自分は甲子園にも出ていないという引け目があり、同じ野球部の人間と打ち解けられるのか、という思い。

よく新天地へ向かうときなどに「期待と不安が半々で」などと言うが、私の場合は不安が100%だった。

唯一の希望の光は、神宮球場で野球ができるということ。それだけを心の支えに東京へ向かった。

だが、現実はそんな生やさしいものではなかった。

というよりも、懸念していたようなこととはまるで次元の異なる大変さが待ち構えていたのだ。

中学、高校とそれなりに厳しかった上下関係も、大学ではまったくの別物。年齢的にも人格が形成されつつある大学生同士の上下関係は、気づかいのレベルがそれまでとはまるで違う。

中学、高校時代での部活を通して縦社会のイロハを教えてもらってきた私は、大学がそれほど厳しい環境とは、入学前は思わなかった。

しかし、これはまったくの見当違い。

実際、入部してみると想像以上上で、1年生は野球どころではなかった。

高校時代に3年生という最上級生を経験してからの1年生。

子ども時代に中3から高1になるのとは違って、ある程度の年齢になってからのこの落差はかなりこたえる。

「生きていくので精一杯」

そんな感じだった。

毎日、朝6時15分に起床し、約100人が生活する寮の掃除などの作業、そしてなにより大事な野球部としての仕事、これらを下級生で分担して行う。そして、私自身初めての集団生活。気が休まる時間などなかった。

改めて振り返ってみると、私はこの慣れない集団生活を送ったことで、組織の中で生きていくうえでの基礎のようなものを学んだように思う。

これまで、両親のもとで暮らして、どれほど私は甘えてきたのだろう。

「ゲームもできない。遊びに行く時間すらない」

中学、高校時代は、自分の境遇を恨《うら》み、友だちをうらやましく思ったりした。

しかし、大学入学と同時にそんな気持ちはきれいさっぱり消えた。

親元で生活していると、当たり前のように食事が出されて、当たり前のように洗濯《せんたく》された洋服、そしてユニフォームが着られる。恥ずかしい話だが、その環境を離れたことによって両親に対する「感謝」という気持ちが初めて生まれた。

1年生の夏、野球部の練習が初の長い休みに入ると、私はすぐに新幹線に乗って、地元の京都へと向かった。京都駅に降り立ち、目の前にそびえる京都タワーを見上げて泣けてきたのは、あとにも先にも大学時代しかない。

あの短い帰省は、実家がいかに暖かく、どれほど落ち着ける場所なのかを痛感した時間でもあった。

それだけに、夏休みが終わり、東京に戻る新幹線の中では実に憂鬱《ゆううつ》だった。車内で偶然、同級生や先輩と遭遇したりもする。東京に着き、駅のホームを歩いているときに出会うこともあった。そうなると、もう下を向いている場合ではない。気持ちが一気に引き締まる。

大学生活で学んだことは、ほかにもある。

もし私がこの4年間をまっとうできなければ、母校の平安高校の名を汚《けが》すことになると同時に、東洋大学との関係が悪化し、後輩たちに迷惑がかかる可能性がある。そんな学校同士のつながりを知ったのも大学時代だ。

そしてなによりも寮での約100人での団体生活から学んだことは、人が100人集まれば100通りの考え方があるということ。そうなると、我を通すことはできない。

もちろん、上級生は絶対的な存在なので、感情的になっていたとしても、その意見は尊重しなければならない。だからと言って、下級生はただ従っていればいいというものでもない。なにか問題を課されたときは、下級生が集まってより良い解決策を出し合うなど工夫も必要だ。

どんな人間でも感情があり、その起伏のポイントを見つけ出すには、その先輩の現状や置かれている立場を考えるのが手っ取り早い。本人の気持ちになり、その人がなにを苦とし、なにを良しと思っているかを察知できれば、次第に感情のポイントが見えてくる。それを手がかりに、気配りができる人間こそが、厳しい社会で生きていけるのではないだろうか。

どの社会でも共通する上下関係を、大学時代の寮生活で身をもって学ぶことができたのは、人生において大きな糧《かて》になっている。

首位打者獲得は先入観の排除が生んだ

準備をするうえで、敵となるのが「先入観」だ。

対戦前に、データから得た情報と、自分自身が対戦したり映像で見たりしたものを総合して、相手のイメージを確立させていくわけだが、一度ついてしまったそのイメージを覆《くつがえ》すのはなかなか難しい。

大学に入り、高校時代に実績を残して入ってきた同学年の特待生組や、前年度にリーグ優勝を果たしたレギュラーの先輩たちのバッティングは、自分なんかよりも数倍力強かった。そんな光景を目の当《ま》たりにし、知らず知らずのうちに、レギュラーを勝ち取ることができるのだろうかと、不安になっていた。

「自分を磨いて実力をつけなくては道はない」

同時に、そう決意を新たにもしていた。

そんなときだった。

「今バッティングをしているあの1年生は誰だ？」

主力メンバー以外が行う午前練習を見に来ていた高橋昭雄監督が、私のバッティングに目をとめたのだ。

当時の東洋大学は、レギュラークラスの練習は昼から始まるのが通例だった。そのほかの選手は午前中に練習を行い、午後は主力選手のサポートに回る。だから、メンバー外の選手は午前中の少ない練習時間の中で監督にアピールするしかない。高橋監督の目にとまったのが、その午前練習のときだった。

「もう1回、桧山に打たせてくれ」

午後の主力選手の練習時間に、高橋監督の指示で、レギュラークラスに混じってバッティングをするチャンスをもらえたのだ。

さすがにこれは緊張した。

自分よりも野球の実力が数段上だと思っている人たちと並んでバッティング練習をすることなど初めての経験だ。

手のひらににじむ汗を拭《ふ》きながら、私は無心でバットを振り抜いた。その結果が良かったのか、今度はゲーム形式の練習にも参加させてもらえた。

「試合に出られるチャンスがあるかもしれない」

その私の思いは88年春季リーグの駒澤大学との最終節で現実のものとなった。1番サードで起用され、3試合で2安打。デビュー戦こそ2安打放ったものの、その後の2試合は簡単に相手チームに封じられ、快音を響かせることはできなかった。

結局、私が活躍できたのは、デビュー戦のみ。

その後、試合に出してもらえる機会もあったが、2年生の春までは思うように成績が伸びなかった。

その原因は、自分自身への「先入観」にあった。

私の大学1年当時の身長は177センチ、体重は70キロ程度。野球選手の中ではきゃしゃな体格だった私は、自分のスタイルがコツコツとヒットを積み重ねるバッターだと信じて疑わなかった。

だが、この自分への「先入観」が2年生の夏にあやまりだと気づく。

東京のテレビ局の野球中継は、関西と違って巨人戦をおもに放送する。それを見ていると、当時、40、50番台の背番号を背負い、まだ若手選手だった岡崎郁《かおる》さん（現読売ジャイアンツ二軍監督）、駒田徳広《のりひろ》さん、吉村禎章《さだあき》さんらの打棒に目を奪われた。

とくに岡崎さんのバッティングに強い衝撃を受けた。

プロ野球界ではさほど大きくない体に反して、豪快なフルスイング。

「これだ！　もっと振らなあかん。スタイルを変えよう」

そう気づいた直後の2年生の夏休みの2週間。私は実家に帰ると、すべての時間を練習に費やした。午前中は走り、夕方まで自宅の練習場でバッティング。常に強く振ることを心がけ、夕食後も素振りでチェックを行う。それほどまでに私は、フルスイングにかける覚悟を持つようになっていたのだ。

「躊躇《ちゅうちょ》せず、思いきり振る」

寝ても覚めてもそれだけを考え、ただひたすらバットを握って体に覚えさせた。

夏休み後、大学に戻って夏季合宿のバッティング練習に参加すると、自分でも信じられないほど、柵越えを連発。外野裏の駐車場に停めてあった車のフロントガラスを直撃し、申し訳ないことに、その修理代などを監督に弁償していただくというハプニングもあった。

このころから、私がバッティング練習を始めると「桧山のバッティングを見ろ」と、高橋監督はほかの選手を集めるようになっていた。

「自分はきゃしゃだから、ホームランは打てない」という「先入観」を捨て去ったことで、私の「野球観」が大きく変わった。

フォーム改造直後、2年生の89年秋季リーグでは、打率は4割3分6厘。東都大学リーグの首位打者となり、野球人生で初めての個人タイトルを獲得した。

東洋大学が所属する当時の東都大学リーグはのちのドラフト1位候補が目白押しで、亜細亜《あじあ》大学で1歳上の小池秀郎《ひでお》さん（元近鉄バファローズなど）は8球団が1位指名。ヤクルトからは専修大学で同じく1歳上の岡林洋一さんが1位指名、亜細亜大学の高津臣吾さんが3位指名。

そして私と同じ年のドラフトでは、駒澤大学の若田部健一が福岡ダイエー（現福岡ソフトバンク）ホークスから1位で、竹下潤も西武（現埼玉西武）ライオンズから1位指名。そんな錚々《そうそう》たるピッチャーたちと対戦して首位打者を獲ったことで、プロ野球というものが、一気に視界に入ってきた。

ドラフト指名、そして入団へ

私は子どものころからの阪神ファンだった。

ただ、大学時代になると、自分自身にもある変化が起きていた。プロ野球に対して、すでに関西にいたころのようなファン目線ではなく、このプロ野球界で「自分でも戦えるかも」という気持ちで、中継を見るようになっていた。

大学4年間で首位打者1回、ベストナイン3回。通算打率は3割1分8厘。数字という確かな実績を残したことで、私の中に、ある自負も芽生えていた。それは、「自分はプロの中でもやっていけるほどの高いレベルにある」というもの。同時期にプレーしていた東都リーグの先輩選手がプロで活躍する姿も、その思いに拍車をかけた。

今思えば、プロの世界で戦った経験が1度もないくせに、通用するというのは甘い考えだった。

希望球団を考えるときだってそうだ。私はプロ野球を夢の舞台ではなく、就職先として考えていた。恥ずかしい話、球団を選ぶ基準は自分のスタイルに合ったチームというよりは、人気があって、すぐに優勝が狙える球団。欲を言えばキリがない。そして、上位指名であることはもちろん、入団後になるべく早く自分のポジションで出場しやすいチームはどこかという目先の希望ばかりを持っていた。自分の力を過信し、最初から一軍のベンチに入れるものと考えていたのである。

時は、バブル景気の余韻《よいん》がまだ残るころ。形だけの華やかさが持てはやされていた時代だった。私もそんな空気につられ、浮かれていたのだろう。

「ドラフト上位じゃないとなあ」

非現実世界をひとり空想する。本当に浅はかな考えだった。

91年11月22日のドラフト当日。

果たして現実は、阪神からの４位指名。上位指名など夢の話だったのだ。

最初に高橋監督から聞かされたときは、ことわって関西の社会人チームに進もうと考えた。そのときの心境を正直に言葉にするなら、「４位指名でプライドが傷ついた」となる。今、思い出しても、恥ずかしい話だ。

もちろん、すぐに父にも電話で報告した。

すると父はこう言った。

「良かったな、小さいころから好きやった阪神やないか。今は弱いけど、お前が入ってチームを強くせえ」

この父のひと言で、少し冷静になれた。

そして、まず脳裏をよぎったのが、試合に出やすいということ。この91年の阪神はリーグ最下位。新人の自分にとってレギュラーへの可能性はいちばん高いのではないか。

こうして私はプロ入りを決断したのである。

同年12月18日の入団会見でのこと。意気込みを聞かれた私は、こう発言した。

「巨人がオロナミンCなら、リポビタンDのようなファイト一発の精神で頑張りたい」

4位指名だけに、なんとか目立とうと前日から考えていたセリフだったが、もし、今でも覚えているファンの方がいれば、これまた少し恥ずかしい思い出だ。

トレーナーとの二人三脚

私は、ドラフト4位ながらも即戦力として期待され、阪神に入団した。

しかしプロ1年目の92年は、一軍では7試合に出場したのみ。自信を持って入ったプロ野球の世界だったが、二軍での試合が主戦場となっていた。

「どうしたら一軍に上がれるのか」

目の前の練習に励みながらも、一軍に上がるためのきっかけを模索していた時期だ。

そこで出会ったのが、仲田健《なかたけん》フィジカルトレーナーだった。

知り合ったのは京都のフィットネスクラブ。そのころ、私は1年目のシーズンオフで、2年目のキャンプに向けての準備に取りかかろうとしているときでもあった。

幼少期から積み上げてきたプロになるための準備。

しかし、実際にプロになると、今度はその選手たちの中で抜きんでるための次なる準備をしなければいけない。

プロ野球は、何十万人もの野球少年の中から選び抜かれた才能の持ち主が集う世界。

私が京都のフィットネスクラブへ足を運んだのも、その群れから頭ひとつ飛び出すための「なにか」をさがそうとしていたからだった。

そのクラブでマシントレーニングを行うときに、たまたま近くでサポートしてくれたのが仲田トレーナーだった。話をしてみると、同じ京都生まれの同年齢。しかも元陸上選手というアスリート。ほかにいくつかの共通項もあって、彼とはすぐに打ち解けることができた。

同郷で同い年の仲田健トレーナーとは、プロ1年目のオフからの付き合い。

私の知る限り、あの当時、個人トレーナーをつけてトレーニングをしていたのは、工藤公康《きみやす》さんぐらいしかいなかったと思う。

すでに西武のエースとして活躍していた工藤さんに対して、自分はまだプロ１年目を終えたばかり。

体力面でもプロの先輩たちにまだまだ劣る私にとって、筋力アップは一軍に定着するために必要不可欠だと感じていたが、収入面を考えても、個人でトレーナーを雇えるほどの余裕はなかった。

その思いを汲《く》んでくれ、仲田トレーナーは無償で協力してくれた。

仲田トレーナーとの練習の効果はてきめんだった。彼の指導のもとで鍛えられた体は、大学時代やルーキーだった前年と比較して、考えられないほどパワーアップ。そのおかげで、自分が思っていた以上の練習量をこなすことができた。

仲田トレーナーとの二人三脚のトレーニングが、22年間のプロ野球人生の基礎を作った。同時にそれは、表舞台に出るための準備でもあったのだ。

第3章

タイミングを見抜く

〜あの年、阪神が優勝できた理由〜

阪神ファンと甲子園という環境が心を強くした

18・44メートル。マウンドからホームまで白球が駆け抜ける時間はわずか0・4〜0・5秒。

この一瞬で勝負が決する舞台で、選手は相手のタイミングを出し抜く様々な心理戦や技術戦を繰り広げている。

もちろん、ピッチャーとバッターの1対1の勝負だけでなく、盗塁や牽制球《けんせいきゅう》、さらには選手交代などのベンチワークも含めて、複雑に入り組んだ攻防が球場全体に満ちているのが野球だ。たった1つのタイミングをのがしたばかりに流れが相手に渡り、チーム全体の歯車まで狂ってしまうこともある。

阪神は、近年こそ優勝争いにからむことも珍しくないが、そんな成績状況に関係なく、古くから12球団の中でもとりわけ注目度の高い球団だ。

とくに本拠地である甲子園球場という存在も大きい。高校野球の夢舞台でもあり、他球団の選手からもうらやましがられる天然芝。そして最大の特徴は、スタンドから送られるファンの大歓声だろう。

「甲子園の雰囲気は独特だ」

多くのライバル球団は、この球場で対戦すると、いつも以上に緊張感を覚えるという。

2003年、福岡ダイエーとの日本シリーズでは、その阪神ファンの「熱意」がペナントレース以上に強く現れていた。

ダイエーの本拠地・福岡ドームで行われた初戦、2戦目と続けて落としたものの、迎えた甲子園での試合は3戦全勝。対戦成績を一気に逆転することができた。

無数の応援旗が観客席を舞い、地響きのような声援が飛ぶ。

「甲子園では、平常心でプレーできなかったですよ」

当時のダイエーの主力選手で、のちにチームメイトとなる城島《じょうじま》健司からも、そう聞いた。

ダイエーの選手は、甲子園のあの雰囲気は今まで感じたことがないほどのプレッシャーになっていたという。

そのあと阪神は福岡ドームで2連敗し、日本一の夢はついえたが、甲子園での3勝はまぎれもなくファンの方々の声援というあと押しがあったからこそ。それほど阪神ファンの声援は、試合の行方を左右する大きな影響力を持っている。

しかし、最下位争いばかりしていた1990年代。阪神を愛するあまり、ファンのストレスは野次となって、自軍の選手にたびたび向けられていた。

私も格好のターゲットとなった1人である。

今、振り返ってみても、考えられないような厳しい野次が当時の甲子園では飛び交っていた。

「こら、桧山！　やめてまえ‼」

これでも、まだ軽いほうである。書くのさえ憚《はばか》られる数々の野次が、あの時代の甲子園ではひっきりなしに聞こえてきた。

とくに、阪神ファンが陣取るライトスタンドはすさまじかった。

私のポジションはライト。阪神が守備に回ると応援団の統率された大声援が止まるので、スタンドから飛ばされる1人ひとりの大声が丸聞こえだった。

背中に向けての容赦《ようしゃ》ない罵声《ばせい》。当時センターを守る新庄剛志《つよし》とともに、チームの低迷に激しく憤る《いきどお》ファンの野次を一身に受けていた。しかも、我々は生え抜き選手。それだけ肩入れしていただいている分、反動も大きい。

ファンのひと言にカッとなって口ゲンカになったこともある。

「この人たちは野球観戦に来ているのか、ストレス発散に来ているのか」

それさえもわからなくなることがあるほど、阪神ファンの野次は心に突き刺さる。何度も「レフトとポジションを入れ替えてくれないものか」と思ったりもした。

だが、ファンはお金を払って応援に来るのだから、当然阪神が勝つ試合を見たい。不《ふ》甲斐《がい》ない戦いをすれば、そういった野次が飛ぶのもうなずける。

会社員でも会社が損失を被《こうむ》る失態を犯すと、給与面の査定に影響したり、減額や降格という厳しい措置が取られたりする場合があるのではないだろうか。プロ野球選手であれば、その失態の程度によっては、契約更改で減俸を言い渡されたりする。

また、会社員の降格にあたる位置づけは、プロ野球では二軍行きだろう。両者ともミスに対して代償を払う点では一致する。

ただ、プロ野球選手が一般会社員と決定的に異なるのは、数万単位の観客、いやテレビやラジオ、その他メディアなどを通じてということになれば、もっと膨大な人たちから仕事ぶりをリアルタイムで注目され、成功も失敗もすべて表に出るという点だろう。

あれは確か90年代後半のオープン戦。阪神が低迷する中、ある1人のファンから野次を受け続けたことがあった。ベンチ上のスタンドからずっと私だけに向かっての野次。私も熱くなり、口論に発展。チームメイトから制止されたほどだった。

ところが、阪神が03年に優勝したあと、突然そのファンの方が観客席から、

「桧山、俺を覚えとるか？　昔さんざん野次を飛ばしたけど、本当に悪かったなあ。これからも頑張れや！」

と声をかけてきた。

阪神ファンは熱狂的な方が多いが、これはとくに印象に残っている出来事だった。

新庄剛志の素顔

前述したように、外野を守っている関係で、私と同様に野次を飛ばされていた選手が新庄だ。阪神の苦難の時代をともに歩んできただけに、私たちは本当に良き仲間で、戦友とも言える関係だった。

さんざん揶揄《やゆ》されてきた阪神の低迷期を支えていた新庄は、球団への思い入れも人一倍だった。野次は決まって外野の私、もしくは新庄に飛んでくる。そんなときはお互いに困ったように顔を見合わせていた。

また、97年に監督就任した吉田義男さんに、私とともに怒られていたのも新庄だった。吉田さんは熱血漢として知られる監督。感情を表に出すプレーを身上としていた方であり、私と新庄が遠征先のホテルで監督に呼び出され、「悔しかったら、もっと態度に出せ！」とお叱りを受けたこともあった。

ここで、新庄剛志がどんな人間か触れてみたい。

ファンやマスコミを前にすると、無鉄砲で子どもっぽく見える面もあったけれども、素顔は、非常に礼儀正しくて、先輩にも後輩にも気をつかえる男。

こんなエピソードがある。メジャーリーグ帰りの新庄が突然、北海道日本ハムファイターズに移籍して、世間を驚かせた04年のことだ。オープン戦で古巣の阪神と試合をする機会があった。

その際、新庄が以前と同じように私のところに来て、

「桧山さん、聞いてよ。この前、後輩たちを連れてご飯を食べに行って、帰りのコンビニで『好きなの買っていけよ』と言ったら、10万円もかかったんですよ」

と笑いながら話していたことを、今でも覚えている。

一見、自由奔放《ほんぽう》に見える彼だが、その素顔は「面倒見がいい兄貴分」なのだ。

そして、実は恥ずかしがり屋で、人見知りする部分がある。

それでも彼は、観客の前ではお祭り男として登場する。

それはなぜか。

彼には自分が周囲から「なにを求められているのか」を敏感に感じ取れる嗅覚《きゅうかく》のようなものが、人並み以上に備わっているからだ。無鉄砲そうに見えて、実は本当に気が回るタイプだ。

北海道日本ハム時代の06年3月25日、札幌ドームでの楽天との開幕戦前に、ハーレーに乗って現れたのも、彼が持つ独特の嗅覚と行動力がなせるわざ。かつてないパフォーマンスだっただけに、もしかしたら違和感を覚えた人もいたかもしれない。それでも、「こうすればファンが喜んでくれるかな」と考えて動く。まさに、サービス精神のかたまり

新庄剛志と著者。ともに生え抜きの外野手として低迷期の阪神を支えた。

の選手、いやエンターテイナーと言ってもいい。

プレーの面でも、鮮明に記憶している出来事がある。ファンの方もよく覚えているであろう「敬遠球サヨナラヒット」だ。

彼が阪神在籍時の99年6月12日の巨人戦。4対4のまま、延長12回1アウト一、三塁で、新庄はこの日、6度目となるバッターボックスに立った。

巨人がそのとき取った策は敬遠。当然、阪神ファンのブーイングと落胆の声が、球場を包む。

私はあのとき、ベンチから一部始終を見ていたのだが、新庄は最初から完全に狙っていた。とはいえ、相手の敬遠に対して自分の判断で勝手にヒッティングに出るのは、チームスポーツである以上、よろしくない。

もちろん、新庄もそのあたりはわきまえていて、バッターボックスから首脳陣に、

「打っていいですか？」

と、アイコンタクトを送ってきた。

これはのちに聞いた話だが、数日前の試合で敬遠された新庄は、そういう場面で打っ

ていいのかどうかをコーチと相談し、ひそかに練習したり、冗談交じりにサインまで決めたりしていたという。

このときの打撃コーチは柏原純一さん（現北海道日本ハム打撃コーチ）。古くからの野球ファンならご存じだろうが、柏原さんも現役時代に敬遠球を打ってスタンドまで運んだことがある方だった。

バッターボックスの新庄からのメッセージをベンチで感じ取った柏原コーチは、野村克也監督に相談する。しかし、野村監督の反応は、

「なにを言うとるんや⁉」

そんな感じだった。

1球目は見送った。

新庄から再度、目での合図が柏原コーチに来る。

「監督、打たせていいですか？」

柏原コーチの問いかけに対し、野村監督はなかばあきれ気味に、

「勝手にせい」

と、渋々了承していた。もしかしたら野村監督の心の中にも「新庄ならなにかやってくれる」という期待があったのかもしれない。

そして、当時の巨人のクローザー・槙原寛己さんが投じた2球目を、叩きつけるようにレフト前へ転がし、サヨナラ勝ち。

ベンチ前で出迎えた野村監督も苦笑いだった。

失敗すれば大バッシングも避けられない局面だ。にもかかわらず、飄々《ひょうひょう》とやってのけるあたりが新庄の新庄たるゆえんだった。

だからこそ、彼が日本ハムで大ブレイクしたときは、自分のことのようにうれしかった。北海道に移転して、新しい球団に生まれ変わろうとする日本ハムに、新庄は欠かせない存在となった。

06年5月18日、甲子園での交流戦で阪神が日本ハムと対戦した際に、すでに現役引退を表明していた彼が阪神のユニフォームを着てシートノックを受けるのを見たときは、思わず笑ってしまった。後日、連盟から注意を受けたようだが、これも彼ならではのファンサービスだった。

人が求める、そのタイミング。

それを新庄は鋭い嗅覚で感じ取り、プレーでも自身が一流の選手であることを証明してきた。だからこそ、メジャーに行ってからも否定的な評価をする日本のマスコミが多い中、4番で起用されるなど活躍した。

実はそのころのシーズンオフに、阪神の二軍の練習場である鳴尾浜《なるおはま》で、アメリカから帰国していた新庄とバッタリ会ったことがある。

私がトレーニングを終えてクラブハウスに戻ったとき、新庄はトレーナーから治療を受けていた。

「おう、久しぶり！　体調はどうや？　今日はマッサージか？」

と声をかけたら、

「これですよ」

そう言って見せてくれたのは、はっきりわかるほど陥没《かんぼつ》していた自身の太ももだった。

聞けば、シーズン中に大腿筋《だいたいきん》が完全断裂していたという。しかし、痛いと言った瞬間にマイナー行きとなるため、彼はそれを隠してプレーしていたというのだ。

痛いところがあれば、誰よりもオーバーにアピールするようなキャラクターだと思っているファンの方もいるかもしれないが、実際は、阪神時代から痛みを笑顔で隠して、なに食わぬ顔で試合に出続けるような芯《しん》の強さも秘めた男なのだ。このエピソードで、彼のイメージが多少なりとも変わったのではないだろうか。

現在、海外で暮らしているという新庄とは会うチャンスがなかなかないが、また昔話に花を咲かせる機会があれば、私もうれしい。もしそういった場があれば、新たな「新庄伝説」を引き出して、ファンのみなさんにお伝えしたいと思う。

喜怒哀楽をコントロール

今まで多くのピッチャーとチームメイトとしてともに戦ったが、常に冷静だったことが印象に残っているのは川尻哲郎《てつろう》さんだ。

点を取られてベンチに戻ってきたときでも、コーチやキャッチャーと、

「う〜ん、あの場面はもうちょっと違う攻め方のほうが良かったかな？」

などと、冷静にピッチングを振り返っていたのをよく目にした。

さらに、野手に対しても、

「悪かったな、おれのせいで」

と気づかいを見せる。そういうピッチャーに対しては、野手もどうにか盛り立てようとして、チームが一丸となる。

川尻さんと言えば98年にノーヒットノーランを達成したことが有名だが、この記録もメンタル面の強さがあったからこそだろう。

最近の冷静なピッチャーを挙げれば、13年にデビューした藤浪晋太郎だ。もちろん、まだまだ学ぶべきところはたくさんあるけれども、素材としては一級品。ピッチャーとしての能力はもちろん、それを最大限に発揮できる冷静さを持ち合わせているから、高卒1年目に10勝をあげる活躍ができているのだ。

晋太郎は、ピンチになったときの心の静め方を知っている。彼のマウンド上での動きを見ていると、大事な場面になるほど、意識して間《ま》を取ろうとしているのがわかる。ファンの方も、テレビや球場で彼を見る機会があったら注目してほしい。スパイクを直したり、マウンドを降りて動揺や緊張をやりすごし、落ち着こうとしているのだ。もちろん、それでも打たれることはあるし、コントロールが定まらないこともある。でも、そういう努力をしているところが見えるし、「ピンチになったときはこうやって自分を見つめ直そう」というルーティンのようなものを身につけているのといないのでは、精神状態は大きく違ってくる。

彼は大阪桐蔭高校の3年時に、甲子園で春夏連覇を達成している。負ければそこですべてが終わってしまうトーナメント試合というのは、場合によってはプロ野球のリーグ戦よりも、厳しいのかもしれない。そこで勝ち続けることで、平静を保ち続けるメンタル術というものが、おのずと身についたのだろう。

私は、甲子園のクラブハウスのロッカーが対面だったので、普段の彼もよく観察していたが、まだまだあどけないというか子どもっぽいところが残っている。そして、大ざっぱな性格でもある。

13年のシーズン中、クラブハウスで遠征の準備をしていたときのこと。同じように荷物を整理していた彼のスーツケースをなにげなくのぞくと、服がぐちゃぐちゃに放り込まれているのだ。

「その服、これから着るやつちゃうんか？」

「ええ、そうです」

「シワになったりとか気にならへんの？」

「あんまり気にしないですね、大丈夫です」

というようなやりとりが、私とのあいだにあった。本人が気にならないのならいいのだが、細かいことにこだわらない、良く言えばずぶといところも、大観声に動じない一因なのかもしれない。

今は解説者として2年目の彼を見させてもらっているが、やはり1年目よりも大人になっているのは感じる。

とくにシーズン前半、勝ち星がなかなか挙げられない中で、いろいろ悩んだことだろう。そういった厳しい経験を糧《かて》にし、着実に成長につなげている姿が見て取れる。

だからといって、小さくまとまってしまってはつまらない。14年のオールスターで大谷翔平（北海道日本ハム）と投げ合ったことで、なにかを感じたはず。彼らしい荒々しさは残しつつ、技術的、精神的にもっともっとレベルアップしていってほしい。

ファンの方からすれば意外かもしれないが、阪神で9年間一緒にプレーした下柳剛《つよし》さんも冷静なタイプに分類されるだろう。

テレビには、下柳さんが熱くなっている場面がよく映し出されていたようだ。もちろん、実際そういう感情を表に出すこともあったが、いつでも怒るわけではない。例えば、味方の野手のエラーが、積極的なプレーの結果そうなった場合は、なにも言わない。そうではない、気の抜けた凡プレーに関しては、「なにやっとるんや！　お前のところにもう1回打たすからな!!」と、愛のある怒号《どごう》を飛ばすことも少なくなかった。

ただ、そんなプレーでピンチを招き、頭に血が上ったとしても、すぐに冷静さを取り戻すのが下柳さんなのだ。

ピンチでコーチや内野陣がマウンドに集まったときには、もうすでに「ここをどう切り抜けるか」ということに頭が切り替えられていて、しっかりと話もできる状態にクールダウンしていた。ピッチングの技術面はもちろん、そういったメンタルの強さも兼ね備えていたからこそ、あれだけの成績を残すことができたのだろう。

これは余談だが、下柳さんは、常に本番を意識した独自のスタイルで練習を行っていた。

春季キャンプでのピッチング練習でのこと。10球投げたら、グラウンドに出て全力ダッシュを行い、息を上げた状態でまたブルペンに戻って、ピッチングを始める。これを何度か繰り返していた。

つまり、心拍数を上げて試合での厳しい状況を擬似的に作り出し、その苦しいときにどれだけ心身をコントロールして投球ができるかの鍛錬をしていたのだ。

もちろん、実績もあって首脳陣からも信頼されていた下柳さんだからこそできたユニークな調整法ではあるが、まったく同じやり方でなくても、実戦を想定したトレーニングというのは、本番でメンタルを乱さないための対策としては有効だ。このように、若い選手にも、自分でよく考えて練習に取り組んでほしいと思う。

野球に限らず、ほかのスポーツでも、また一般の社会人の方でも、失敗したときやピンチになったときに、いかに冷静でいられるか。そして、まわりの意見を聞くことができるか。これが重要だ。

私も若いころはアドバイスをされる側だった。それが、30歳を過ぎて選手会長を任されたあたりからは、少しずつチーム全体に目を配るようになり、いろいろな方の意見を聞いて、それをほかの選手にアドバイスをする立場になっていった。代打専門になってからはベンチにいる時間も増えたので、よりそういったことに意識を置き、チームメイトには気づいたことを伝えるようにしていた。

もちろんそのときは、しっかり説明したほうが聞いてくれるタイプか、それとも端的な言葉のほうが響くタイプか、今言うべきか、時間を置いたほうが冷静に話ができるか……などなど、選手のキャラクターや精神状態も考慮しながら声をかけていた。

技術面に関することはコーチが指摘するので、私はおもに、野球に取り組む姿勢について助言をすることが多かった。

私が見てきた後輩でも、いろいろな人のアドバイスに真摯《しんし》に耳を傾け、そして考える選手は、やはり技術的にも成長していく場合が多かったように思う。逆に、考えようとしない選手は、周囲から敬遠されるようになり、伸び悩み、孤立していく。

失敗には必ず原因がある。それを改善するときに、周囲の声というのは不可欠だ。自身のプライドもあるかもしれないが、ステップアップするためには、ときにはそれを捨ててでも心をオープンにする必要があるのではないだろうか。

そして、アドバイスする側も、相手の状況をじゅうぶんに汲《く》んであげるようにすれば、お互いの成長につながると思う。

日本シリーズで打てなかった自分

プロ野球選手として悔いが残るとすれば、22年間の現役生活で一度も日本一を経験していないことだ。

私がレギュラーとして出場し始めた96年から02年まで、阪神は7年間で5回もの最下位。まさにどん底だった。

それでも03年シーズン。日本一まであと少しで手が届きそうな年となった。今岡誠、赤星憲広、藤本敦士など若手の急成長が大きな原動力にもなった。当時、私は選手会長を任されていて、「今年こそは必ず優勝してやる」と強い意気込みでシーズンに臨んでいた。

4月18日の横浜戦でプロ初のサヨナラホームラン、7月2日の中日ドラゴンズ戦ではサイクルヒットを記録し、チームも優勝に向けていいムードで進んでいた。しかし、8月に脇腹を痛め、あえなく戦線離脱。チームを牽引《けんいん》すべき自分が、大事な時期に足を引っ張ってしまい、申し訳ない思いでいっぱいだった。

その後、選手会長である自分がいない中、チームはさらに快進撃。念願の優勝マジックが点灯したが、私ができることと言えば、ケガの治療とベンチ外からの応援のみ。

「自分はなにをやってるんだろう」

マジックが1つ、また1つと減っていくのをただ眺《なが》めているのは、自分の不甲斐《ふがい》なさを指摘されているような気がしてたまらなかった。

なんのために選手会長として頑張ってきたのか。チームメイトと一緒に優勝に向けてのカウントダウンの雰囲気を味わいたい。いてもたってもいられず、私は球団のトレーナーに「もう大丈夫です」と伝え、なかば強引な形で一軍に上げてもらって試合に出場したのだ。

それだけに、福岡ダイエーとの日本シリーズは、大事なペナントレース終盤で力になれなかった分、なにがなんでも打たなければいけない。日本一になりたい。そう意気込んでいた。

そして3勝3敗のタイで迎えた第7戦目。勝ったチームが日本一という大一番となった。前日に負けたとはいえ、本塁打を放っている私は、第7戦でも4番打者として出場。

ダイエーの先発は、ルーキーの和田毅《つよし》（のちにボルティモア・オリオールズなど）。試合開始早々、阪神に絶好のチャンスが回ってきた。

1回表、先頭の今岡がセンター前ヒットで出塁すると、2番の赤星は送りバント。このとき、和田が一塁に悪送球し、ノーアウト一、二塁で、3番の金本知憲さんに打順が回った。金本さんはライトフライ。その間に今岡がタッチアップで三塁へ進んだ。

1アウトランナー一、三塁。打順は4番の私に回ってきた。まさに願ってもない、先制の絶好機だ。

「最悪、ゲッツー崩れでも1点。よほど強い打球でなければ、併殺にはならないだろうし、いつもどおりの自分のバッティングをすればいい」

そう考えながら、打席に入った。

だが、1ボール1ストライクからの3球目。狙っていたスライダーが来たのだが、若干タイミングをずらされ、結果は、まさかの二塁ゴロ併殺。この先制チャンスを生かせなかったことで、流れは一気にダイエー側へと傾いてしまった。

終わってみれば、2対6というスコア。王貞治監督の胴上げを目の前で受け入れるほかなかった。夢にまで見た日本一は、寸前のところでつかみ損ねてしまった。

試合後、シリーズの優秀選手に選ばれたが、優勝できなかった現実を前にして、喜びすら感じなかった。

「もし、自分が初回のチャンスで打っていれば、試合展開は変わっていたんじゃないか」

翌年もその次の年になっても、いや、いつまでたっても忘れることはないだろう。

ピッチャーは打たれた悪いイメージが頭に残ると言われるが、バッターにも同じことが言える。私は日本シリーズの併殺が、プロ野球人生の中での「思い出」の1つとして刻まれてしまった。

たった一瞬。されども一瞬。そのタイミングや展開が少しでも変われば、また違った結果があったのかもしれない。

働く、休むというメリハリのきいたシフトで、自らの体を整える

「モチベーションを保つにはどうしたらいいか」

これは野球を続けるうえで、最も重要なテーマの1つだ。モチベーションが低下する

大きな原因の1つはマンネリ化だろう。

それを解消するには、まずはメリハリのきいたスケジュールを作成するのが大切だ。

第2章で述べたように、私は幼少時代から、とにかく練習づけの日々を送っていた。

前日の試合で打てなければ練習。少しでも打撃フォームで不安な要素があれば、また練習。子どものころから野球ひと筋の生活を送ってきただけに、時間があれば練習しないと気がすまない性分《しょうぶん》に自然となっていたのかもしれない。

99年は阪神が最下位に低迷し、シーズン終盤には若手をスタメンに起用することが多くなり、私はシーズン頭から座っていたクリーンナップからも外されたことがあった。代わりに当時有望株だった濱中《はまなか》治がスタメンで出場したときのことだ。

その試合後、父から連絡があり、第一声。

「お前、コラッ！　悔しないんか！」

父の怒鳴《どな》り声が聞《こ》こえてきた。

「なんのために車買うたんじゃ！　悔しかったら、今すぐ京都に帰ってきて練習せい！」

父は「プロにスタメン保障はない」と、私よりも理解していた。あぐらをかいていたつもりはなかったが、父からすれば私の「隙《すき》」が見えたのだろう。しかも、スタメンに定着できるようになって、念願の高級車を購入したのもこのころだ。それが輪をかけて私の驕《おご》りに見えたかもしれない。

「京都に帰ってきて練習せい！」は、基本に帰れ、という意味だ。父は、「息子がいつでも帰ってこられるように」と、幼いころから使用していた実家の練習場を残したままにしていた。

考えてみると、この99年のシーズンオフは、野球選手としての転換期だったのかもしれない。年齢も30歳という節目を迎え、さらに、春のキャンプでケガをして、開幕に間に合わなかったのも初めてのこと。そろそろ、調整法もキャリアに合ったスタイルに見直す時期に来ていたのかもしれない。

前年（98年）までの京都の実家で行っていたオフの調整スタイルは、次のような感じだった。

朝10時から近所を走って、昼からは京都市内のジムで仲田健トレーナーと一緒に体を徹底的にいじめ抜く。それが終わればまた家に戻り、夕方までバッティング練習。そして、夕食後は素振り。

「努力」を続ければ、「隙」は生まれなくなると思ったからこそ、必死に練習した。

だが、人は「休息」をとらないと肉体も精神も高いモチベーションを維持できないという矛盾も、年齢とともに感じ始めていた。

不本意だった99年に続き、00年もまったく活躍できないままシーズンを終え、私はかなり危機感を持っていた。

「桧山はもう終わった」

そんな声も耳に入ってくるし、なにより自分自身でも、このまま活躍できずに現役を終えてしまうのだろうか、といった恐怖にも似た感情が湧《わ》いてきていた。自分の置かれたそんな状況を考えれば、本来ならいつも以上に野球づけになっていたはずだ。

しかし、個人的なことだが、この00年オフに結婚をしたため、野球一色とはいかなかった。結婚式の準備や新婚旅行、そして様々なプライベートな行事に追われ、例年ほど野球と向き合う時間がとれなかったのだ。

ところが、この状況が思わぬ効果を生んだ。

「トレーニングをやらないと体がなまるのではないか」という不安はあったが、練習時間がとれなかったことで、知らず知らず、心身ともにリフレッシュできていた。そして、なんとかやりくりして確保した貴重な練習時間は、これまで以上に集中できた。

さらに、グアムという土地に出会ったのもこのころだ。

結婚式をグアムで挙げ、冬でも暖かい気候が気に入り、その年以降、年明けの自主トレはグアムで行うようになった。

グアムでの自主トレの利点は、温暖で体を動かしやすいというだけではない。

プロ野球選手は、シーズン中はどうしても忙しいので、いろいろな付き合いがオフに集中する。また、球団からイベントやテレビ出演などの依頼が来たりもする。

日本にいて、仲のいい友人から誘われれば、「いつも応援してくれているし、たまには付き合わないと」となる。また、イベント出演なども「ファンの方が喜ぶのなら出ようか」と考えてしまうのだが、年明けからグアムに行く予定を立てていれば、そういったことは、なんとかして12月までに終わらせようとする。そして1月からは様々なことをシャットアウトして、野球だけに集中できるのだ。

休んでリフレッシュすることも必要。そして、ときには周囲とのつながりを絶ってでも野球だけに没頭できる環境作りも重要。

そんなことを身をもって知ったのも、30歳を過ぎてからだったのだ。

それ以降、年内のオフは、プライベートな用事やイベント出演も適度に組み込み、柔軟に練習スケジュールを決め、そして、年が明けてからはグアムでカッチリとしたメニューを組んでトレーニング。そんなスタイルが固まったのもこのころだ。

トレーニングと休むことは、どちらも欠かせない。だからこそ、その切り替えのタイミングを誤ると「隙」になる。こればかりは、自分の経験をもとに体に問いかけながら判断していくほかない。

選手会長を経験して、自分の役割が鮮明になった

01年から03年までの3年間、私は阪神の選手会長をやらせてもらった。

この選手会長をやるにあたっては、ちょっとした裏話がある。

実は00年シーズンの前にも1度、当時、選手会長をしていた同い年の山田勝彦（現阪

神バッテリーコーチ）から、

「桧山、やってくれないか」

と言われていた。

ただ、そのときは自分が我の強い選手だと思っていたこともあって、チームのまとめ役なんてできるわけないと考え、

「そんなん無理に決まってるやん。わがままな俺がやると、チームがムチャクチャになるで」

と、再三ことわっていた。

それでも山田に何度も依頼され、

「わかった。じゃあ、あと1年だけ待ってくれ」

と了承。結果として任期2年だったはずの山田が3年間、選手会長をやる形になった。

「もう、ことわれないな」

という気持ちで、1年後に選手会長を引き受けたのだった。

選手会長の仕事の中で最も重要なのは、プロ野球選手会総会にチームの代表として出

席することだろう。

それ以外は、野球選手の本業とは離れた雑用とか球団とのつなぎ役のような仕事がほとんど。選手全体で参加するイベントやテレビ出演、選手会主催のゴルフコンペなどでのまとめ役、またシーズン終了後に行われる納会の段取りや進行も中心になって行う。

03年のセ・リーグ優勝時、ビールかけでおなじみの優勝祝賀会後の2次会の会場選びも選手会長の仕事だった。お店を選ぶといっても、実際にいつどこの球場で優勝が決まるかは流動的なので、日程や場所を確定させることはできない。

さらに、これは私のこだわりだったが、みんなでつかんだ優勝なので、参加者全員で顔を見合せながら喜びを同時に共有できるような場所でないといけないと考えていたのだ。そのためには人数的にはOKでも、細かく仕切りがあるようなところはダメ。ワンフロアでお互いが見渡せるような会場でやりたかった。

何日も前から、優勝が決まるであろう日を想定して、球場周辺のお店の情報を収集し、良さそうなところにはできるだけ直接足を運んで自分の目で確かめ、交渉する。

当初、優勝は9月9～11日の神宮球場でのヤクルトとの3連戦で決まるのではないかと思い、都内のお店に見当をつけていた。

しかし、ヤクルト戦では優勝マジックは1つも消えず、12〜14日のナゴヤドームでの中日との3連戦に持ち越された。となれば、お店選びも名古屋近辺になる。

だが結局、優勝決定は9月15日に甲子園球場で行われた広島東洋カープ戦。祝賀会は、地元関西で行われた。

選手会長になりたてのころは、目の前の仕事に対して「面倒くさいなー。山田はこんなことまでやってたのか」と思うこともよくあった。ただ、その半面、この選手会長の仕事をやり始めると、周囲に配慮をするようになった。

例えば納会。選手たちはどんな内容にすれば楽しんでくれるのか、と頭を悩ませる。

大人数が参加するゴルフコンペなどの幹事の経験がある方なら、プランニングから調査、予約、当日のすべてが終わるまで、いかに大変な作業かわかっていただけるだろう。

「参加者全員になるべく喜んでもらいたい」と考えていたからこそ、前年よりも楽しく思い出に残る会になるように自分なりにいろいろアイディアも出して改善していった。

気を回せる選手、私の若いころのように自分のことしか考えないような好き勝手を言う選手。年齢も違えば、性格だってそれぞれだ。いろんなタイプの人間がいる。納会でもみんなに楽しんでもらうことに重点を置いているので、かつてないほどに周囲の反応を注視した。若手選手を観察していると、今まで知らなかった性格に気づくこともできて、チームをまとめるうえで役立ったと思う。

さらに、選手会長になってからは、オフのスケジュール管理をより気にするようになった。私は「やっかいな仕事」をあと回しにしないほうで、また、スケジュールどおり動きたいタイプでもある。

時間がかかりそうな事案は最初に手をつけて、先に片づける。作業を終わらせてしまえば、あとは自分の好きなように予定が組める。なによりも優先したい野球の練習だって、思う存分にやれるのだ。

だが、このやり方は半分正解で、半分は誤算があった。

正解というのはもちろん、先のスケジュールまで見渡せた点である。先まで予定がわかっていれば、それだけ練習のペース配分も考えやすい。

一方、誤算だったのは、仕事を早く終わらせることで、余裕があると思われ、そのあとにもいろいろなところから次々に仕事が舞い込んでくることだ。

イベントの内容やスケジュールなど、球団と選手会の板ばさみになりながら、どちらの意見を優先すべきかに頭を悩ませた。

両方の言い分はわかるので、それをすり合わせつつ、着地点を模索しながら話し合いを行う。それでも決まらなければ、互いが譲歩するような交渉をしなければいけない。

また、球場の施設や用具などに対する選手の要望をまとめて球団側と話をするのも、選手会長の役目だ。

「ここが壊れているから修理してほしい」とか「こういうマシンを導入してほしい」といったことを球団側に投げかけて話し合う。

もちろん、なんでもかんでも話が通るわけではない。そこで、「じゃあ、これは我慢するので、最低限ここだけは改善してほしい」などとやりとりをする。

もう引退した今だから話せるエピソードだが、試合で使う野球用具に関しても、球団とかなり交渉したことがあった。

プロ野球のチームは、どこも野球用具メーカーとタイアップ契約を結んでいる。阪神も、各用具ごとにチーム全体ですべて統一されていた時代があった。

ただ、選手が直接身につけるものだけに、フィット感が合わないとプレーにも影響が出るだけでなく、ケガにもつながりかねない。

各選手から意見が出る中で、私もある用具がどうしても体に合わずに、メーカーと何度も話をし、担当者も相談に乗ってはくれたものの、解決とまではいかなかった。

それで、球団に、

「一部だけでも自由化を認めてください。ケガしたら大変ですよ」

と何度も話したのだが、契約があってすぐには難しいという回答。

交渉は決裂してしまった。

だからといって、選手たちが本当にケガをしてはたまらない。仕方なく、私は自分の体に合うメーカーの用具を細工し、試合で使っていた。

結局、多くの選手からの要望もあり、翌年から、その用具だけは選手が自由にメーカーを選べるように球団が聞き入れてくれたのだった。

このときに身をもって知ったのは、難しい交渉を成立させるためにはこちらの思いをただ伝えるだけでなく、いろいろなところで話をしながら、相手の出方に対して説得力のある材料を揃《そろ》え、さらに粘り強い交渉が必要だということ。

企業対労組ではないが、こうした交渉ごとも人生初体験。やっていくうちにだんだん興味深くなってくる自分に気づいた。

また、選手会長になると、選手や球団関係者だけでなく、首脳陣と接することも増えてくる。会社で例えれば、そのときの私は中間管理職。上司と話す機会は多くなり、いつしか指導する側からの視点でも物事を考えられるようになった。チームに貢献するための自分の役割が、より鮮明にわかるようにもなっていったのだ。

ちなみに現在の阪神の選手会長は、関本賢太郎からバトンを受けた上本博紀《うえもとひろき》が14年から務めている。最初に聞いたときは、正直「大丈夫かな？」と思った。前に出る性格には見えなかったし、なにより誰もが納得するような成績を残せていなかったからだ。

ところが、選手会長になったことで強い危機感を持ったのだろう。13年はわずか25試合しか出ていなかったのが、14年は、5月にケガで少し休んだだけで、シーズンを通してセカンドに定着し、130試合以上に出場。初めて規定打席にも到達した。「地位が人を作る」とよく言われるが、上本の14年はまさにそれで、レベルアップへの非常にいいきっかけとなったようだ。

しかし、選手会長としてはまだまだ一人前とは言い難い。だから、球場で会ったときは「ケガだけは気をつけろよ。あとは、遠慮せず積極的に前に出てアピールしろ。それはお前の大事な仕事やからな」と尻を叩きつつ、マスコミの方々には「上本を質問攻めにしてやってください」とお願いし、さらに経験を積めるように働きかけている。

慣例どおりなら任期は2年、もしくは3年。プロ野球選手として、そして社会人として大きく成長できるチャンスだと前向きにとらえて、チームを引っ張っていってほしい。

常に見られている意識を持つ

選手会長になったころから身についてきたのは「自分は常に見られている」という意識だった。

私は現役時代、朝起きると必ず鏡を見るようにしていた。それは自分の体調を測る意味もあるし、人にどんなふうに見られているかをチェックする作業でもある。

体調の悪さは、表情に出る。

今日の自分の顔が「イケてないな」と感じれば、そんな顔を見る相手にもこちらの体調の悪さが伝わるだろう。良くない印象を与えかねない。また、チームメイトに「頑張ろうな！」と疲れた顔でハッパをかけても、チーム全体の士気は上がらない。

もちろん、見られているのは顔だけではない。

練習への意識や成績、それにファンや周囲の方への対応だって同じだ。

選手の中には、若いころの私のように「俺が俺が」が強すぎて、阪神タイガースというチームの一員であることを忘れてしまいがちな人間もいる。そういう選手には、「お前の言動の1つひとつが周囲から常に見られているんだぞ」と教える。生意気な態度を見せれば、それだけで自身の評価も変わってくる。

01年シーズンに初めて私が打率3割を達成したときは、見られている意識をよりいっそう感じていた。3割打者となったことで自然と周囲の期待も高くなり、メディアの露出だって増えるだろうと想像した。

そんなとき、自分の立ち位置をきちんと把握していられるかどうか。

チヤホヤされて翌年に成績をガクンと落とすのか、それとも翌シーズンのモチベーションに変えられるのか。

残念ながら、翌02年の私の成績は打率2割9分3厘で、3割をキープすることはできなかった。けれども、シーズンを通して、前年同様にしっかりとは戦えた。その要因は、「フロックだと思われたくない」という強い意思があったからこそだ。

のちに任される代打稼業でも、良い結果が続いているときほどファンの声援が大きい。そこで慢心せず、毎打席、新たに気持ちを入れ直して集中するように心がけていた。

先にも記したが、ある試合の中盤に突然訪れたチャンスで、代打として自分の名前が呼ばれたことがあった。心の中では「こんな早いタイミングで、マジかよ!?」と一瞬、動揺する。それでもなに食わぬ顔をして「はい」と返事をする。

年上である自分があせっている姿を見せると、若手にも伝染し、試合に悪影響を及ぼしてしまう。

「桧山さんって本当にいつでも落ち着いているな」

若手の選手にそう思わせられれば、チーム全体として冷静沈着に戦えるのだ。

コーチとの付き合い方

どの社会でもベテランと呼ばれる立場になれば、自分の言動に責任が生じてくる。歳《とし》を重ねるごとにリーダーシップや責任感を求められるのは、社会において避けようがないことだ。

プロ野球選手にもチームのまとめ役の年長者がいて、その補佐をする選手もいる。その下には中堅がいて、さらに入団数年目の若手、ルーキー。引退まぎわのころは、いちばんの年長者である私が全体のまとめ役としてチームの中で働き、関本賢太郎が補佐役として支えてくれていた。

プロ野球は、上下関係がしっかりとした世界。だからこそ年長者が無責任な発言をするだけで、チームがバラバラになりかねない。

それほど、ベテランの立ち居振る舞いは組織内で影響力がある。本人が想像している以上に年下の選手たちは先輩たちの言動を観察し、また参考にしているのだ。

だからこそ、行動には細心の心配りが必要だ。

04～08年の監督時代の岡田彰布《あきのぶ》さんは、98年から02年までファームで監督や打撃コーチとして若手育成を手がけられていたので、選手個々の性格や特徴を把握していた。そして、私にとって岡田さんは、現役時代を同じくしていた初めての監督で、気心の知れた方でもあったので、やりやすくもあった。

それだけに、岡田さんが若手の指導をしていたとき、言わんとすることになんとなく察しがつく場合がある。

そういったときは先回りして、その若手に助言したりもした。

ただ、ここで注意しなければいけなかったのは、あくまでも自分の言葉は先輩選手からの助言であるということだ。チームの指導者は監督で、そのフォロー役としてコーチ陣がいる。そして、その下に選手がいる。この関係は絶対だ。

年長者ということで、選手内ではチームのまとめ役であっても、私も、いち選手だ。その立場でコーチや監督を飛び越して若手選手に指導をしてしまうのは、組織としてはどうか。

練習中にアドバイスを求められても、その関係性は非常に気にしていた。あくまで一個人の意見として、参考程度には話す。

生え抜きで長年同じ球団にいると錯覚しがちになるけれど、選手は選手。

企業でも一緒だ。ともに営業に回る先輩と、営業の経験があるが今は現場にはいない上司のアドバイスに相違があれば、若手は「どちらの話を聞いたらいいのだろうか」と無駄な混乱を招く。

だから、私は本人が聞いてくることを中心に相談に乗り、それ以外は首脳陣の意に沿うようなフォロー程度にとどめて、若手と接するように心がけた。

それも、その選手が本当に困っているタイミングを考えながら進言する。

人との関係が面倒だからといって、寡黙《かもく》な仕事人になるのは簡単だ。ベテランだからこそ、若手選手の成長のためにも、こうした適度なコミュニケーション能力は、身につけなければいけない大切なスキルだと思っている。

上司とのマッチングにこのうえなく恵まれた

私は、22年間の現役生活で、中村勝広さん（90〜95年）、藤田平さん（95年〜96年）、吉田義男さん（97〜98年）、野村克也さん（99〜01年）、星野仙一さん（02〜03年）、岡田彰布さん（04〜08年）、真弓明信さん（09〜11年）、和田豊さん（12年〜）と、計8人の監督の下で選手として働いてきた。

プロ野球選手として、私ほど監督の巡りあわせに恵まれた選手は珍しいとも思っている。多くの監督と接したことで、野球観が広がり、そのときどきの私の立場に沿った人間的成長の手助けをしていただいた。

中村さんには、即戦力として私を獲得していただいた。それにもかかわらず、期待になかなかこたえられなかった私を、中途半端な形で一軍に置かずに、下で基礎を叩き込ませてくれた。

中村さんからシーズン途中でバトンを引き継いだ藤田さんは、最下位に低迷するチームの立て直しを期待される中、当時26歳の私を初めて4番打者に起用。決して4番として胸を張って貢献できたとは言いづらい成績ではあったが、責任ある打順を託されたことで、プロでやっていく本当の意味での覚悟は身につけられたと思う。

吉田さんは、阪神ひと筋の野球人。20代後半だった私に、同じく生え抜きのタテジマの中心選手としての自覚を促された。とくに「感情を出せ」とよく言われた。それがほかの若手の奮起にもつながると考えていたのだろう。

野村さんには、いわゆる「ID野球」だけでなく、私が30歳でベテランと呼ばれる年齢にさしかかる中、「人として」ということを学んだ。

「野球ももちろん大事だが、野球バカになってはいけない」と、ことあるごとに助言していただいた。

星野さんには、自分が選手会長時代だったこともあって、組織のまとめ方を身をもって示していただいた。星野さんの強烈なリーダーシップには到底及ばないが、選手会長をやっていく中で、自分なりに採《と》り入れた部分が多かった。

岡田さんは、勝ちながら若手を育てるという難題に挑んでいた。言葉にすれば簡単だが、我慢強く起用した若手が役に立たなければ、首脳陣の責任となるのは明らかだ。岡田さんのこの決意によって、私も代打稼業を受け入れる腹積もりができた。そして、組織作りのノウハウも学ばせてもらったようにも思う。現在、阪神のリーダーとなった鳥谷敬《たかし》やエースにまで成長した能見篤史《あつし》、クローザーとして確固たる地位を築いた藤川球児（現シカゴ・カブス）らは、岡田さんが積極的に起用したからこそ育った選手でもある。

真弓さんは現役時代、レギュラーから代打へと自分と同じような道のりをたどられたこともあって、その立場ならではの気持ちを理解していただいた。

和田さんは現役時代に一緒にプレーしていた期間が長かっただけに、監督と選手という立場になってからもお互いの信頼関係は厚かったと思う。チーム最年長として後輩たちに監督の考え方を伝える役目を任せてもらえていた。

このように、多彩な監督から多くのことを学ばせていただいた。本当に宝物のような経験だ。

一般企業で、これだけひんぱんに上司が変わることはそうそうないことかもしれない。ともすれば混乱しかねない状況の中で、自分の人生のターニングポイントとなる時期にこの人しかいないという上司に恵まれたことは、すごく幸運なことだった。

いいチームには競争がある

チーム内の雰囲気は、シーズンの勝敗に直結している。

これは私が22年間のプロ野球生活を通して痛感していることでもある。では、実際に

「雰囲気のいいチーム」とはどんなものなのか。

ひと言で言えば、チーム内で競争があることだ。

競争が激しいと、チーム内にいい緊張感が生まれる。レギュラーの選手は、「なにかあったらポジションを奪われる」と、常に危機感を持つようになり、どんな場合でも最高のプレーをしようという意識が高まる。また「絶対にケガをしてはいけない」と体調管理も入念になる。レギュラーとしての責任感が強くなるのだ。

控え選手にしても、「あと少し頑張れば、試合に出してもらえる」という状況になれば、野球に取り組む意欲が違ってくる。ベンチでも自然と声が出るようになってチーム内が活気づき、なにからなにまでうまく回っていく。

反対に低迷しているチームは、それがすべて逆の状態だ。

チーム内に競争がないと、レギュラー選手は緊張感がなくなり、どうしてもプレーが漫然としたものになってしまう。

練習はするが、どこか気が抜けた感じで、体のケアもおざなりになる。控え選手も、ポジションが取れないとなれば、向上心も自然と消えていく。

そして、さらにもう1つ、チーム内の雰囲気の良し悪しを左右するポイントがある。それが選手の起用法だ。

例えば、ミスを重ねているにもかかわらず、スタメンで使われ続けている若手選手がいたとする。その選手が、普段の練習から必死に取り組んでいるのならば、「監督も育てようとしているんだな」と周囲も温かい目で見守る。

しかし、抜擢《ばってき》されたにもかかわらず、その状況を理解せずにのほほんと野球に取り組んでいるようだと、「なんであんな一生懸命やっていないやつを使うんだ？」と、選手のあいだでも不協和音が広がっていく。

どの監督もチーム作りのビジョンや戦略を持っていて、選手がそれに対する不満を口にすることは厳禁だ。ただ、選手も人間なので、感情はある。起用された選手は、監督の戦略を実現できるようにベストを尽くすべきだし、またそういった姿勢を見せることで、無用な軋轢《あつれき》が生まれることはない。

「あんなやつが試合に出ている限り、優勝できるわけがない」

そういう空気が広がってしまえば、士気は一気に低下してしまう。

会社の中でも、成績が良くないうえに不まじめな社員の評価が不自然に高ければ、ほかの社員はどう思うか。当然、「やってられるか」となる。

弱い球団は、往々にして、「球団（フロントや首脳陣）と選手の足並みの乱れ」「不明《ふめい》瞭《りょう》な選手起用」「風通しの悪さ」が見られる場合が多いように思う。

雰囲気が悪くなれば、勝てるはずの試合を落とし、勝てないとさらにチームの雰囲気は悪化する。

これこそ、負のスパイラルだ。

私が入団して間もないころから続いた低迷期の阪神は、まさにこの泥沼にどっぷりと浸《つ》かってしまっていた。こんな負けることに慣れてしまったチームが、その流れを断ちきるには、大ナタをふるうしか手立てはない。

野村克也監督時代から改革が始まり、さらにそれが形になったのは01年シーズンオフに就任した星野仙一監督のときだ。「闘将」と称されるように強烈なリーダーシップで、就任1年目の02年は開幕から7連勝。残念ながら、多くの故障者が出たことによりシーズン途中で失速してしまったが、前年まで4年続いた最下位から抜け出して、この年はリーグ4位となった。

野村監督時代は、俊足の選手を多く集め、「F1セブン」として赤星憲広や藤本敦士らを抜擢し開花させる一方で、いわゆる「野村再生工場」も稼動。伊藤敦規《あつのり》さん（現阪神トレーニングコーチ）、遠山奨志《しょうじ》さん、成本年秀さんら中堅からベテランのピッチャーを重用するなど改革の礎《いしずえ》を築いた。

さらに、星野監督時代の02年のオフに行ったのが、「血の入れ替え」だ。すでに02年からFAで日本ハムより加入していた片岡篤史に続き、このオフ、広島から金本知憲さんをFAで迎え入れ、日本ハムからは下柳剛さんをトレードで獲得。テキサスレンジャーズを自由契約となった伊良部秀輝も加入して、この何年かで選手は半分以上入れ替わった。

移籍組という新戦力の中には、ときに個性が強い選手もいる。その選手たちをなんとかして短期間でチームに組み込み、働きやすい環境を整えるのも、選手会長だった私の大きな役目だった。なるべく話しかけたり、ときには食事に誘うなど、コミュニケーションをとるようつとめた。

そうすることで、よそよそしさをなくすことが、移籍組をチームに溶け込ませる近道だと思う。働きづらい環境では、選手は本来持っている力の半分も発揮できなかったりする。結果として阪神は、この血の入れ替えにより、チーム内の競争意識を高めることに成功。03年のリーグ優勝につながった。

組織は生き物で、構成する人間それぞれに個性がある。その手をつなぎ合わせるバランサー役が必要だとも思っている。

それと、FA選手やトレードでの移籍組に加えて、チームもファンも即戦力として期待するのが外国人選手だ。

22年の現役生活の中で、多くの外国人選手とともにプレーをしたが、その中で「最も印象に残った外国人選手は?」と聞かれれば、ジェフ・ウィリアムスを挙げないわけにはいかない。

03年から09年までの7年間在籍し、藤川球児、久保田智之とともに、「JFK」として、阪神を支えてくれたジェフ。

ピッチャーとしての能力、実績ともに素晴らしいものがあることは今さら説明の必要もないだろうが、それ以上に、ほかの外国人選手の面倒見が非常に良いことも、チームとしては助かった。

もちろん、球団には通訳がいて、海を渡ってきた助っ人選手になにかあればいつでもフォローする態勢はできているのだが、やはり現役選手の中にそういった頼れる「先輩」がいるのといないのでは、安心感も違ったことだろう。投手、野手を問わずよくコミュニケーションをとり、日本の野球や文化を、新外国人選手に率先して教えていた。

チームに対するプレー以外の貢献度は、彼が残した優秀な成績に勝るとも劣らないほど大きく、それは、当時の阪神の選手たち誰もが感じていた。そしてジェフは、現在も駐米スカウトとして、阪神に力を貸してくれている。

03年に38本塁打を放ち、中軸として同年の優勝に大きく貢献してくれたジョージ・アリアスは、打撃だけでなく守備も堅実で、あの03年はファーストでゴールデングラブ賞も獲得している。また、体を張ってプレーすることもいとわず、とにかくフォアザチームに徹する選手だった。

10年から阪神打線を引っ張ってくれているマット・マートンも、本当にまじめで研究熱心。そして日本を愛してくれている。

性格はいくらか気分屋のところはあるが、彼の場合は顔を見ればその日の機嫌がすぐわかるので、対応はそれほど難しくはない。もちろん、10年に年間最多安打の日本プロ野球記録(214本)を樹立したように、バッティング技術の確かさは誰もが認めるところだ。14年の開幕から4番に座る新外国人のマウロ・ゴメスが安定した活躍を見せているのも、マートンがベンチの中で常に話し相手になっていることが大きいのではないだろうか。そして、それはマートンのメンタルにも確実にいい影響を与えている。

ときには個性派も目につく阪神の外国人選手。ファンのみなさんの感じ方は様々だろうが、チームをまとめるべく身近に接した私は、総じてナイスガイが多かったようなイメージを持っている。

コーチと選手の関係

メジャーリーグでは、コーチは選手と横関係のサポート役になるが、日本では文化がそうであるからか、縦社会の関係となる。日本のプロ野球はどちらかというと、選手の意思よりもコーチの意見のほうが強い。

しかし、コーチも選手も人間なので、性格は様々だ。そして、プレーする感覚も人によって違う。

選手に活躍してほしいと思うコーチとうまくなりたい選手。目指すところは同じはずなのに、その過程で意見が食い違うのは珍しくない。

どのスタイルが自分にマッチするのか、それは試してみないとわからない。しかも、期待されている選手ほど、複数のコーチが様々な意見を言う。

「コーチの意見がバラバラなんです」

プロに入団してしばらく結果が出ないと、こう漏らす選手は少なくない。「誰の意見が正しいのか、自分に本当に合っているやり方はなんなのか」と悩んでしまう。コーチに従いすぎて、自分を見失ってしまったケースである。

かと思えば、コーチが代わったとたん、別人のように活躍し始める選手もいる。

自分に「合う」「合わない」という最終的な結論は、実は選手本人にしかわからないものだ。数学のように誰が計算しても同じになる正解があればいいが、野球ではこの方法で練習すれば誰でもプロで活躍できる選手になれるという絶対的な方程式はない。自分に合わなければ、いくらコーチからていねいに教えられても上達は望めない。

そんなときこそ、方法論を取捨選択できる選手自身の判断力が必要になる。

同時に、コーチ側も選手によって教え方をアレンジするなどの工夫は必要かもしれない。

いずれにせよ、球場でプレーするのは、監督でもコーチでもない。選手だけだ。

コーチが指導する会話の中には、どこかにバッティングを開花させるヒントが隠されている。それを見つけるのもまた、選手なのだ。

父はなにもかもお見通し

幼少時代からプロに入団するまで、私にとって、野球のコーチは父だった。そんな父には、プロに入ってからもすべてを見透かされていた。試合で活躍できたあと、私が顔からにじみ出る笑みという名の驕りを隠そうとしても、「お前みたいなやつ、そこらへんにいっぱいおるんやからな」とひと言。「調子に乗るな」という、父なりの愛のある激励だった。

私がプロ入りしたあと、父は阪神戦の中継を欠かさず見てくれていた。テレビのほうがはるかに私の表情を読み取れるので、父は甲子園球場で観戦したことがほとんどなかった。打てなくなると、表情に表れるようで、そんなときは毎回、試合後に父から電話がかかってきた。

「目が死んでる」

誰よりも私を理解してくれた父は05年に他界したが、その父に私は1度も逆らったことがなかった。野球の話になると、いつも私を叱咤激励《しったげきれい》。父のひと言は必ず私が欲しいタイミングで発せられ、そのアドバイスが外れたことはない。

バッティングは幼少期から一挙手一投足、細かく見てくれたので、私の動きが少しでもズレれば、「リズムが違う」と電話でアドバイスをくれる。私にとって、誰よりも好不調のバロメーターを理解してくれていたのが、長きにわたって見続けてくれた父だった。

考えてみれば、小さいころから私は父に頼りっきりだった。スタンドに見に来てくれていた中高生時代は試合が始まる前、父がどこにいるのか、なにより先にさがしていた。見つけたら手を挙げて、父に合図。1打席、2打席と凡退すれば、父がジェスチャーでアドバイスを送ってくれた。それをもとに修正すればヒットが出るのだから、なおさら頭が上がらない。

大学時代、私の試合は基本的に東京で行われていたので、京都に住む父の試合観戦はなかなか難しい。それでも不調時のコンディションを把握しているから「お前、調子が悪いと、こうなるからな」と、電話で教えてくれる。それを意識して打席に立つと、必ずといっていいほどヒットが打てた。

私はプロ入り9年目の00年のオフに結婚するのだが、その前の独身時代には、こんなこともあった。

甲子園で試合があると、母が欠かさず京都から西宮にあった私のマンションを訪れ、手料理を振る舞ってくれていた。

父からは、

「俺の嫁やぞ、お前の嫁ちゃうぞ」

などとも言われた。それぐらい母が面倒を見てくれているのだから、お前も頑張れよ、という意味だ。

このころ家族が集まるたびに、兄にまで、「弟が頑張ってるんやから、お前も一緒に応援せえ」と要求。家族は常に一緒。言葉はそう多くはないが、父から聞く忠告は、温かさにあふれていた。

生前の父は、本当に私の驕りを許さない人だったと今でも思う。

喝《かつ》を入れる瞬間。見守る瞬間。

いつだって父はこの適切な瞬間をいつも頭の中で描いていた。これもまた小さなころから私を見続けていたからであろう。

相手の心情を理解できるということは、その相手に今、最も必要ななにかを見抜けることでもある。

ただ叱る。ただ励ます。それだけでは人を動かすことはできない。相手の心境に応じた言葉を投げかけてあげることが、本当の意味でその人のためになる。父はそういった心づかいにおいてもすごかったと思う。そして、そうしたタイミングを見抜く重要性を、私は父から学んだ。

今の人生をこうして送ることができていること、そしてプロ生活を22年続けられたのも、すべて父の支えがあったからだと思っている。

第4章

機を見て打開する

～レギュラー剥奪《はくだつ》からの復権～

三振王から3割バッターへの変貌《へんぼう》

東洋大学2年の秋、東都大学リーグで打率4割3分6厘をマークして首位打者を獲得したことは第2章でも述べた。

小さくまとまるのではなく、フルスイング。そう考えるようになったことが大学時代の好成績につながった。

だが、プロ入り後は壁にぶつかってしまう。1年目の1992年5月に一軍デビューして以降、私はチャンスをなかなか生かせずにいた。結果、1年目は7試合の出場で、翌93年は33試合、94年は32試合と、デビューから3年ものあいだ、ファームと一軍を行ったり来たりで、ポジションをつかめずに苦汁をなめることとなる。

プロ入り4年目の95年は開幕から一軍に加わり、おもに6~8番の下位の打順ながらスタメン起用も増えていく。

その後、チーム不振により、中村勝広監督が7月23日付けで途中休養すると、当時阪神の二軍監督だった藤田平さんがそのあとを引き継ぎ、監督代行（翌年、正式に監督就任）となった。

7月29日のヤクルト戦ではプロになって初めて4番打者として試合に出場したが、シーズン終盤になると、再び下位打線での出場が増えていった。

この年の最終成績は、打率2割4分9厘に、ホームラン8本。4番を任される選手としては、到底物足りない数字だ。

持ち味のフルスイングというスタイルは、長打が出やすい半面、安定感に欠け、三振も増加した。95年は67三振。それでも私はこのスタイルを変えることができず、その結果、三振数は、翌年以降、極端に増えてしまった。

96年は108三振。97年は150三振。98年は101三振。

この間、96年は22本、97年は23本、98年は15本と、ホームランは毎年20本前後打てていた。つまり、私はホームランか、三振かという振り幅の大きいバッターになっていたのだ。

3年続けて3ケタという三振数は、確実性のなさの表れでもある。

いくらホームランを放とうと、大事な場面で仕事ができなければ、勝負弱いと言われても仕方がない。

98年は、ルーキーの坪井智哉《ともちか》が活躍したシーズンでもある。

しかも、彼はコンスタントにヒットを打てる選手。私はその年に、坪井にライトの定位置を奪われる形で、ポジションをレフトに移す。そして、スタメンから外れることも増えていった。

転機となったのは、野村克也さんが監督に就任された翌99年。確実性を高めるためフォーム改造も行い、さらに野村さんの「ID野球」の根幹とも言える配球術を積極的に採《と》り入れ、バッターとしてレベルアップを図った。練習で身につけたことを試合でぶつけてみる。これは非常に勇気のいることだった。「どうせ打てないのなら、なんでも試してやろう」と聞き直りにも近い感じで、いろいろなスタイルを悩みながら模索していった。そうして、99年、2000年と、もがいた結果が、01年の初の3割につながっていったのだ。

01年シーズン終盤の10月4日の対横浜戦。私の前日までの打率は2割9分9厘だった。いくら打とうとも、1厘足りないだけで2割バッターとくくられてしまう。逆にこの1厘さえ上積みできれば、3割バッターの仲間入りができる。

その日の最終第4打席で、私は横浜の斎藤隆（現東北楽天ゴールデンイーグルス）から三遊間を抜けるヒットを放った。残り2試合は野村監督やコーチの配慮で欠場。この年、私は初めて3割バッターという称号を得ることができた。

振り返ってみれば、これは、1打席たりとも無駄にしてはいけないという強い決意でシーズンをすごした結果にほかならない。

例えば大差がついている試合。もうこの1打席は試合の勝敗に関係ないと思い、緊張の糸が途切れたまま打席に立つのか。それとも点差に関係なく、その打席でできる最大限のことを追求するのか。

たかが1本、されど1本。こういった前向きな姿勢で得た何本かのヒットやフォアボールが、シーズンを終えたときに3割に届くかどうかの境目となる。

私が3割という壁を越えたことで、翌シーズンから相手チームも「3割バッターの選手」という心構えで勝負を挑んでくる。勝負の世界では、危険なバッターと意識をさせたほうが有利だ。それが窮地《きゅうち》を打開するような瞬間の力となる。

3割バッターとなり、半レギュラーな状況を打開して自信がついたことで、自分の見える世界も、相手チームの自分に対する見方も変わってきたのだ。

「エレベーターボーイ」からの脱却《だっきゃく》

前項でも触れたが、プロ入り1年目から3年目まで一軍でそれほど多くの出場を果たせず、苦難の連続だった。初めて一軍に昇格したのは、前述のとおり、1年目の92年5月。今考えれば、新人の選手では恵まれていたほうだったと思う。

プロの選手の中には、ドラフトで上位指名を受けながらも、一軍登録が1度もないまま、現役を引退する選手だっている。一軍に上がれないのは、選手にとっては苦痛だ。

「いくら頑張ったって、自分は一軍には入れっこない」

ファームで結果を残しても、一軍のレギュラー陣・控えクラスともに好調ならば、上から呼ばれることはない。たとえ一軍登録されることになっても、出番は代打や守備固め。数試合で、また二軍に落とされるケースだってある。

私の場合は初昇格を果たすと、5月30日に、一軍デビュー戦を迎えた。当時、監督だった中村勝広さんの指揮のもと、公式戦で初めて甲子園の土を踏んだ。

夢にまで見たデビュー戦は先発に名をつらねることができて、ポジションは6番ライ

ハングリーさを失わず、心技体を磨くため、日々、練習やトレーニングに励んだ。

ト。対戦相手は、阪神の永遠のライバルである巨人だ。

当時の私は、この伝統の一戦を楽しもうと考えていた。

というのも、一軍の打席が初めてで、考えれば考えるほど、恐怖心が湧《わ》いてくる。それを払拭《ふっしょく》するために、楽しもうという気持ちに切り替えようとした。だから、いい意味で力は抜けていたと思う。

だが、相手はそれまで20勝を2度（89年、90年）記録していた、巨人のエース・斎藤雅樹さん（現巨人投手コーチ）。プロの世界は、新人が気の持ちようだけで活躍できるほど生やさしいものではない。結局、デビュー戦は、4タコだった。

そして、デビュー戦から数週間後、私は再びファーム生活に戻っていた。

その後の数年間は一軍と二軍を何度も往復することとなる。上へ行ったり、下に行ったり……そんな行き来の激しい様子を見て、周囲は私を、球界で一軍半の選手に対してよく使われる「エレベーターボーイ」と呼んだ。

「どうすれば一軍に定着できるのか」と、二軍落ちを経験するたびに、やるせない気持ちになった。だが、プロ野球で活躍するレギュラー選手は同じ条件下で戦って、一軍に残ってきた。自分だけが特別な試練を課されているのではない。

私はエレベーターボーイと呼ばれようとも、何度か昇格することで、一軍ならではの張りつめた雰囲気を肌で感じることができた。

ファーム落ちが決まったとき、私はいつもこの一軍の空気感を自分自身に覚え込ませ、満員の観客の前で活躍する同世代の選手の姿を目に焼きつけて、その後の練習に打ち込んだ。「この緊張感を絶対に忘れるな」と、二軍で練習しながら、状況を打開するため、そう自分を戒めた。嘆いても、わめいても、傷のなめ合いをしていても、なんの解決にもならないのだから。

二軍選手の苦悩

一軍に上がれず悩んでいる若い選手がよくいる。

でも、私は、まだまだ悩み足りないと見ている。

人より努力しても、チーム状況により、なかなかチャンスがもらえない若手選手もいるかもしれない。

たまに一軍に上がったとしても、再び二軍に落ちているあいだに、一軍で味わった緊張感や喜びが薄れ、消えていく。数年間、こういった状況が続くと、競争意識などどこかへ行ってしまう。これを、プロ野球界では「二軍慣れ」などと呼ぶ。練習もプライベートも気の合う二軍の仲間と常に一緒。「上がれない」というジレンマの中、傷のなめ合いをして不満を紛《まぎ》らわす……。

考え方さえ変えてしまえば、実は二軍も居心地が良かったりする。一軍のようなプレッシャーもなければ、勝敗の責任を背負う必要もない。マスコミやファンの目だって少ない。けれども、自分以外の誰かが先に上がって活躍するのは、置いていかれるようでつらい。

入団して3年目の94年まで、私もエレベーターボーイと呼ばれていたので、二軍生活が長くなった選手の気持ちは、わかるところもある。

だが、小さいころからの夢だったプロ野球選手になったことを忘れてはいけない。そしてもっと言えば、プロ野球選手になれたことで夢は達成なのか、一軍で活躍して輝くことが目標だったのではなかったか。自分を見失わないためにも、今なにをすべきか、常に自分に問いかけ、答えを見つけるために努力し続けなければならないだろう。

例えば、自分の狙いどおりのバッティングができない時期が続いたとする。そういう場合、私は年上、年下の関係なく、好成績をあげた選手の打撃スタイルを参考にした。ときには王貞治さん（現福岡ソフトバンク会長）の昔のビデオを見たり、掛布雅之さん（現阪神ＧＭ付き育成＆打撃コーディネーター）のバッティングフォームをマネして、打開策を見つけようとしたこともある。自分が二軍にいる状況で満足しないようにするきっかけはなんでもいい。目の前に見えること、考えられること。フォームのマネといった、小さな挑戦を続けることが、打開へのきっかけになることだってある。苦境のときほど、後ろを振り返るより、前に進もうという強い思いが窮地を打開し、勝負の瞬間に備える力になると私は思う。その機会を失ってはならないのだ。

プロで戦うために、内野手から外野手に転向

プロに入る前から、私には考えていたことがあった。それが内野手から外野手へのポジションの転向だ。球団側の意向とも一致し、１年目のキャンプ初日から、内野手では

なく、外野手としてノックを受けた。

阪神ファンの方からすれば、桧山と言えば外野手、ライトというイメージがあるかもしれないが、平安高校、東洋大学での私は内野手だった。

ポジション転向を考えた理由の1つに、大学時代に出会った選手たちの影響もある。当時、東洋大学の野球部のショートには、ズバ抜けてうまい先輩がいた。ショートと言えば、守りの花形ポジションだ。

私はその先輩のグラブさばきを目《ま》の当たりにして、すごいと思うと同時に「これぐらい守れないと、大学以上では通用しない」と痛感もしていた。逆に言えば、大学時代は自分の守備力のなさを思い知らされた4年間でもあった。

さらに、当時の東都大学リーグは、第2章で記したような若田部健一などドラフト1位投手が目白押しで、そのほか、野手陣も才能の宝庫だった。

中でも、1歳上で青山学院大学にいたショートの奈良原浩さん（現埼玉西武守備・走塁コーチ）は、打撃のほか、守備に関しても別格だったことを強烈に覚えている。

「これくらい守備がうまくないと、プロから指名されないのでは」

と突きつけられるほど、初めて奈良原さんの守りを見たときは衝撃的だった。打球に対する反応や体の使い方まで、すべてにおいてハイレベル。

奈良原さんは東都大学リーグのベストナインにも5季連続で選ばれ、卒業後にはドラフト2位で西武に入団し、プロでさらに磨きのかかった守備は、職人芸となっていた。ひと足先にプロ入りすることとなる奈良原さんの守備を大学時代に見て、私はすぐに、「自分の守りでは、プロで通用しない」と思った。その一方で、これだけは誰には負けないと思える武器が1つでもあれば、プロでも勝負ができると考えた。

フルスイング重視ながらも中距離バッターだった私の場合、大学時代の勲章は首位打者とベストナイン3回。プロに入り、打撃をさらに伸ばす意味でも、私は志願して外野手へ転向したのだった。

中学時代に外野手だった私は、多少の戸惑いはあるにしても、どうにかなると高をくくっていた部分があった。ところが、中学時代とプロ野球では、まず、球場の広さ＝守備範囲からしてまったく違う。もちろん打球の質もだ。そして、当たり前だが、プロならではの高度なプレーが要求される。ここでも、自分の認識の甘さを痛感させられた。

しかし幸運だったのは、当時、一軍外野守備走塁コーチだった島野育夫さんに出会い、外野の極意を叩き込んでもらえたことだった。プロ野球、とくにセ・リーグで1年間通して試合に出るためには、どこかポジションを確保する必要がある。つまり守れないとダメ。首脳陣が安心して守備を任せられるような選手でなければレギュラーにはなれないということだ。

私がのちにレギュラーとしてライトで出場できるようになったのは、この若いころの猛練習があったからこそだと思っている。

プロとしての練習の意味を見つけたルーキーイヤー

阪神に入団したてのころは、とにかく衝撃的な出来事の連続だった。

練習ひとつとってみても、プロの選手はアマチュアと比べて、走攻守すべてにおいてハイレベルだと感じさせられた。

私は少年時代から阪神ファン。テレビで見ていたスーパースターの真弓明信さん、岡田彰布さんとは、自分が若手時代、幸運にも同時期に籍を置くことができた。ただ、2

人の先輩の練習を見ては、打撃においても守備においても、自分のプロとしての能力の足りなさを思い知らされる日々が続いた。

　バッティング練習では一見、軽くバットを振っているように見えても、ほとんどの打球がフェンスを越えていく。新人の私からすると、信じられない光景だった。

「めし、行くぞ」

　ルーキー時代のある日、岡田さんが、私と、同期の久慈照嘉《てるよし》に向かってそう言った。突然のお誘いに、私たちは「はい！」と返事するのが精一杯。驚きと戸惑いで言葉にならなかった。

　岡田さんと言えば、当時の私にとっては雲の上のような存在。同時に、そんな人から声をかけられ、自分も阪神の一員と認めてもらえた気がしてうれしくもあった。

　入団して間のない私は、アマチュア気分が抜けきれておらず、まだまだプロ選手への憧れがあった。もしかしたら、ファンの方と同じような気持ちだったかもしれない。すでに超一流のプロ選手だった岡田さんとの食事は、緊張感にあふれていた。そのため、あのとき、自分がなにを話したのかほとんど覚えていない。それぐらい、岡田さんのオーラに圧倒されたし、自分とのあいだに埋められない差を感じていた。

それでも、なんとか底上げをしていかないことには、プロとして生き残れない。多くの方の力を借りながら少しずつ地力をつけていったのだが、守備面ではやはり前項でも紹介した島野さんにずいぶんとお世話になった。

島野さんの指導法は、とにかくシンプルでわかりやすく、基本に忠実。本番を意識したものでもあった。

例えばノック。外野の守備位置につき、捕球をしたら、また定位置まで走って戻るのが通常。しかし、島野さんは、

「走らんでええ！　歩いて戻って、息を整えてから次のノックを受けろ!!」

と言うのだ。少年野球でも、部活でも、少しでも野球の練習をしたことがある方ならわかると思うが、歩いて守備位置に戻ろうものなら、「だらだらするな！」と指導者から怒られていたのではないだろうか。私もそうした練習環境で育ったほうだったので、戸惑いがあった。

島野さんは、完全に「量より質」のスタイル。

「試合のつもりで1球1球集中してプレーしろ！」

と、常に本番を意識するよう、選手に声をかけていた。

ときには、外野の守備位置の真後ろで選手の動きをチェックし、1球ごとに細かく指摘してくれるのだ。

島野さんから基礎を手取り足取り教えていただいたことは、未熟な外野手だった私にとって、本当にありがたいことだった。

また、92年から94年まで二軍監督として選手の指導をされていた河野旭輝《こうのあきてる》さんも、若手時代にお世話になった方の1人だ。

河野さんはミーティング時に、「野球は自分のためはもちろんだが、家族のため、恋人のため、友だちのため、ファンのためにやれ」と、常々選手たちに言っていた。当たり前に聞こえるかもしれないが、一軍で少し活躍すると、そんな意識を忘れることがある。選手にそれを再認識させる意味も含めて、私たち二軍選手に口酸っぱく言っていたのだと思う。

こうしたプロ野球のイロハを、若手時代に厳しく指導されたことは、引退した今でも、私の心に刻まれている。

スタメン落ちなどの苦境の際も、やはり、若手の時期に経験したことが多かった分、指導者や先輩たちの言葉を改めて思い出して乗り越えられた。

基礎が重要なのは当たり前だ。しかし、人はいったん不調におちいると、その当たり前のことすら忘れてしまう。

私にも同じことがあった。多少なりともキャリアを積むと、基礎はささいなことと軽んじてしまい、目が向かなくなりがち。だが、自分の原点を振り返ってみるだけで、苦境の際の打開への道筋となったりするものだ。

口うるさい友だちの必要性

阪神は、良くも悪くも注目度の高い球団だ。とくに関西では、テレビやスポーツ紙で連日のように報道され、阪神関連の話題がスポーツニュースに占める割合が実に高い。ときには厳しい言葉が並ぶこともあるが、マスコミが阪神をネタにしてくれるのは選手としてありがたいことだ。そして、そうした過熱報道は、このチームの一員として戦ううえで避けて通れない道でもある。

思い返せば私の場合も、入団して1年目の92年2月にはすでにマスコミに大きく取り上げてもらっていた。

しかし、それが自分を見失うきっかけにもなってしまった。

初キャンプのバッティング練習。柵越えをするたびにファンの方々が歓声を上げていた。練習とはわかっていても、その声援はお調子者であるルーキーの私にすれば、気持ち良くないはずがない。

翌日のスポーツ紙には「新人桧山、柵越えを連発！」といった活字が躍る。そんな記事がさらに「お調子者」の背中を押す。

「もっともっとホームランを打ってやろう」

そう思うばかりに、試合のためのバッティングではなく、自己満足的な練習となってしまい、ただ単に力任せのスイングを繰り返していた。周囲の反応ばかりに気をとられ、私は完全に自分を見失っていたのだ。

試合に出場し、少し結果が出たあともそうだ。翌93年に福岡ドームで行われたフレッシュオールスターゲームで、私はホームランを放ち、MVPを獲得した。入団2年目で初の晴れ舞台。翌日のスポーツ新聞では「若虎が活躍！」と、一面で私の写真が掲載され、関西メディアがヒーローとしてまつり上げてくれた。

自分の名前が売れれば、周囲の反応だって変わった。

自然発生的に「あいつはすごい」とまわりの目も変わってくるし、縁もゆかりもない、見知らぬ「自称・友だち」も増えた。

また、まだ一軍と二軍を行ったり来たりしているころ、少しの活躍に心を躍らせて、半分勘違いのような自信に満ちあふれていた自分がいた。まわりからチヤホヤされて、今から思うと完全に図に乗ってしまった状態だ。

そんな時期に釘を刺してくれたのは、ある会社の社長を務めている知人だった。

「お前は今が大事なんやから、野球に集中しろよ。俺とはいつでも遊べるし」

食事の席でそう指摘されたとき、私はその言葉を素直に受け入れられなかった。楽しいひとときを味わっている場での小言は、誰もが耳が痛いものだ。その説教じみた言い方に、理解はできても、正直「うるさい」と感じてしまうときだってある。

だが、忠告をし続けるその社長だけでなく、私の父も含めいろいろな人生の先輩たちから同じようなことを聞かされるようになった。そして、その人たちこそが、本当に私のことを考えてくれる存在であると気づくのだ。

野球で苦境におちいると、今まで親しくしていたはずの知人からの連絡が途絶えることもあった。彼らは活躍している「阪神の」桧山進次郎と一緒にいたかっただけなのだ。「人生、いいときも悪いときもある。今が華やかだと思っても永遠には続かない。活躍したときほど、謙虚になる心が大切なんだ」

こう言ってくれる知人は友人となり、どんな苦境のときでも変わらずアドバイスをくれたり、支えてくれたりするようになる。そういうときは、人の温かさを本当に感じる。私が年齢を重ねるにつれて、この人たちはより大切な存在となった。第２章でも触れたが、野球とまったく関係ない人のほうが、冷静に私のことを見てくれる場合が少なくない。球界外の人との交流の大切さを痛感させられた。

野球でも会社員の仕事でも、成果をあげたにもかかわらず、予想しない口うるさい指摘を受ければ、不愉快になる。

ただ、素直に聞き入れられなくても、ひとまず耳を傾ける。その中には、自分が成長できる言葉が、きっとあるはずだ。

引退を素直に受け入れられたその理由

現役引退――。

アスリートである以上、どんな選手にも必ず訪れる瞬間だろう。

私も、ベテランと呼ばれるような年齢になってからは、年を追うごとにそういったまわりの雰囲気を感じるようになった。そのプレッシャーは、年齢が1つ上の金本知憲さんが12年シーズン限りで現役を引退して私がチーム最年長となってからは、いっそう強くなり、さすがにもう意識せざるを得なかった。

同時に、そんな空気を吹き飛ばそうという反発心も当然ある。だから、13年は私にとって、進退をかけた決意の年と言っても良かった。

練習に励むのはもちろんだが、コンディションにはこれまで以上に気をつかった。

自分の体を守るのはプロとして当然であり、ましてベテランになれば、故障や体の衰えはすぐ引退につながる可能性もあり、体調管理は若手時代以上に重要。その意識は常に持っていた。それだけに、13年8月に初めて夏バテしている自分を感じたとき、引退の文字がすぐに頭をよぎった。

8月6日からの広島との3連戦。マツダスタジアムでの練習中、夏の暑さに負けて、現役生活で初めて水の入ったペットボトルをグラウンドに持ち込んだ。今までどんなに暑くても、喉《のど》が渇けば、必ずベンチに戻って水分補給。これは、プロに入団してから1度たりとも変えていない習慣だった。

「なにかがおかしい」

自分でも違和感を覚えていた。

そんなときだった。

「しんどい」

自分の口から出た心の叫びに、思わず耳を疑った。この瞬間、そう口に出してしまうほどの体の異変を、私は感じ取った。

これまでもシーズン途中になると、疲れを感じるときはあったが、そんなときは金本さんや矢野燿大《あきひろ》（旧登録名：輝弘《あきひろ》）さん、下柳剛さんら年上の選手が練習する姿を見ることで、自分自身にハッパをかけるようにしていた。だが、その3人はもういない。

そして、なにより自分自身を許せなかったのは、毎回欠かさずに行っていたシートノックを回避したことだった。私にとってシートノックは、現在の調子を測るバロメーターも兼ねている。どこか痛めているわけでもないのにこの練習を省くということは、つまりは体調管理の放棄でもあり、明らかにいつもと様子の違う自分の体調に、小さくない危機感が広がる。

と同時に、引退という文字が頭に浮かぶ。

球団から連絡があったのは、ちょうどそんなタイミングだった。

「明日、話があるので、来てくれるか？」

「はい、わかりました」

そんな、簡単なやりとりだったと思う。

ただ、選手会長時代を除けば、球団から電話がかかってきたことなどこれまでほとんどなかった。

年齢も44歳。その時点で進退に関することだろうとは察しがついた。そして、そこには意外なほど冷静な自分がいた。

翌日、指定された場所に出向き、話を聞く。球団側も気をつかって、ダイレクトには切り出さなかったが、言いたいことはじゅうぶんすぎるぐらい伝わってきた。

その場では、

「いったん持ち帰らせてください。家族にも相談したいんで」

と答えたが、自分の気持ちは意外と落ち着いていた。むしろ、球団がいいタイミングで背中を押してくれたようにも思えた。

その後、９月１日に南信男球団社長と和田豊監督に引退を決めたことを報告。

そして、母や兄、仲田健トレーナーなど、ごく親しい人に自分の口から伝えたのち、９月７日の記者会見でファンのみなさんに向けて、自分の言葉で話をさせていただいたのだった。

第5章

「瞬間の力」を極める

~2度の「最終戦」で見えた代打の神髄~

「程良い」緊張感を保ったまま集中力を高める

イニング、得点状況、さらにはアウトカウントやランナーの有無など、チームやその選手を取り巻くあらゆる状況によって、打席での緊張感は変わってくる。とくに阪神の場合、甲子園球場では独特な雰囲気になることが多いので、その日の観客や声援の様子なども緊張の度合いを左右する要因となり得る。

いろんなパターンの緊張感の中でも冷静さを失わずプレーできるバッターは、バッテリーと互角以上の勝負ができる。よく言われる「心は熱く、頭は冷静に」といった状態に、いかに自分を持っていけるかが試される。

もちろん、守備側も同じ。ピッチャーは打たれ出すと自分を見失いやすいので、それを支えるキャッチャーは、常に冷静さを保てるメンタル面の強さがないと、一軍で活躍することが難しい。過度に緊張しないためには、それなりの経験を積むことが必要だろう。成功も失敗も含めて様々な経験をし、それを糧《かて》にしてレベルアップしていくことが大事だ。

バッターも自分を見失うと、冷静に配球が読めなくなる。そうなると、バッテリーの攻めに対応できる柔軟性がなくなり、最後には出し抜かれて凡打や三振というふがいない結果に終わってしまう。私もまだ試合慣れしていない1年目、2年目のころは、打席に立つたびにあせりのあまり、よく頭の中が真っ白になったのを覚えている。

「なんとか結果を出さなければいけない」

そう自らにプレッシャーをかけ、思考が働かず、相手の配球がまったく読めない。というより、経験も浅いので配球を読む術《すべ》もないに等しかった。主導権は完全にバッテリー。結局、私はただやみくもにバットを振って自滅する場面がよくあった。おまけにベテランのキャッチャーになれば、浮き足立つ若い選手の心まで感じ取る。対応能力がなく思考が止まった私にとって、バッテリーとの心理戦は圧倒されることが多かった。けれど、そうしたあせりや緊張は、ある一定の場数を踏み、駆け引きを勉強すれば、自然とコントロールできるようになる。

試合での冷静さは、瞬間の力をいっそう発揮するための土台となる。

先ほど述べた私の打席での失敗も、経験不足と対応能力のなさからくるあせりで冷静さを失ってしまっていたからこそ。

落ち着いて打席に入れば、それだけ柔軟な思考を持って勝負ができる。相手の戦略を受けて立つ余裕が生まれ、より的確にバッテリーの配球を読むこともできる。

それが代打となると、また少し違った心の持ちようが加わってくる。もちろん、ピッチャーが投げる球を打つというのはスタメン時と同じだが、代打の場合は自分自身との戦いという側面がより強くなってくる。その最大の要因は、出場するタイミングが決まっていないことだ。

前にも触れたが、ベンチの指示があれば、いかなる場合でも心身の臨戦態勢を一瞬で作り上げなければいけない。出番を待っているときは「静」、そこから名前をコールされて打席に向かうあいだに「動」へスイッチを切り替える必要がある。とはいえ、車でも、急にエンジンを吹かすと故障の原因となってしまうように、代打で出ていく場合も、そのギアの入れ加減を誤ると、持ち味を出しきれずに終わってしまう。いったん呼ばれて準備したにもかかわらず、試合が動いて出番が消滅。ところがまた次のイニングでチャンスが訪れて起用される場合や、自分のまったく予想していないタイミングでの出番など、特殊なケースでは、よけいに「静」から「動」への切り替えが難しい。

緊張の源《みなもと》は「絶対打ちたい」という思いから来る「力み」だ。代打はチャンスで出ていくわけだから、力んでしまうのはある程度避けられない。その「力み」を軽減する目的もあって、私はいっそうピッチャーの攻略法や配球のことに意識を向けるように心がけ、冷静さを失わないようにしていた。

そうは言っても、難しいのは、この緊張感と冷静さのバランスにある。

つまり、必要なのは「程良い」緊張感だ。この精神状態を作り出せるようになると、観客の声援すら聞こえなくなり、集中力がぐっと高まる。だが、決してすべてが遮断《しゃだん》されるわけではなく、ベンチや審判の声は明確に聞きとれるのだ。

では、具体的にどのようにして「程良い」緊張感を維持するのか。

いちばん大事なのは、現状を把握することだ。

相手がどうやって自分を抑えようとしているのかを守備陣形などから推測し、そこから配球を考える。同時に、例えば「この状況なら内野ゴロでも1点入るな」などと、最低限の仕事を自分の中で決めれば、プレッシャーをやわらげることができる。

「打たなければいけない」という漠然《ばくぜん》とした考え方では、ただ自分を追い込むだけだ。

これが極度な緊張を生み出してしまう原因でもある。

　余談だが、プロ野球ファンの方なら、よくリリーフピッチャーなどに関して使われる「調整登板」という言葉を耳にしたことがあるだろう。登板間隔が開きすぎないように、文字どおり「調整」のためにマウンドに上がることだ。バッターも同様に、感覚を鈍らせないよう首脳陣の配慮によって「調整打席」が用意されることがあるし、自らそういった出番を求める選手もいる。

　ただ、私にはこの「調整打席」は難しかった。

　なぜなら、緊張感の度合いが違うからだ。もし、そのプレッシャーが軽い状況に少しでも慣れてしまったら、いざというときに浮き足立ってしまい、緊張感がうまくコントロールできなくなるような気がしていたのだ。

　しかし、プロ野球の試合というのは、勝ち負けがかかった真剣勝負であることはもちろんだが、お客さんに楽しんでもらうスポーツイベントでもある。例えば、中盤あたりですでに大差をつけられているような試合展開になれば、勝てなかったとしても、「せっかく球場に足を運んでくれたお客さんに、せめていろいろな選手を見て楽しんでもらいたい」という考え方もあり、それは理解できる。そのために、大差の場面で「調整」も兼ねて代打として打席に向かうことがなかったわけではない。

私のことを応援してくれているファンの方であれば、負けても、せめてスタンドで応援歌に合わせてみんなで踊る「桧山ダンス」でもやって帰りたいというのもあるだろう。

そういう場面での打席では、いつも以上に周囲がよく見えている。

「あ、桧山ダンスが始まるな」

目に入る光景によって、そう気がつくこともあった。それでも、バットを握れば、ぶざまなバッティングは見せたくないので、当然ヒットを狙いにいく。

大差で負けている場合、相手ピッチャーは、強気にどんどん投げ込んでくるので、追い込まれるとよけいに厳しい。そう考えて、初球から振りにいった結果、あえなく凡退することもある。

「何球か待ってくれたら、もっと桧山ダンスをできたのに」

と思ったファンの方もいたかもしれないが、期待にこたえられなかったことを申し訳なく思う。

集団にも欠かせない「程良い」緊張感

「程良い」緊張感というのは選手個人だけではなく、チーム単位でも当てはまる話だ。敗戦を重ねるごとに負けに慣れてしまい、長いシーズンの中で、どうしても勝負への緊張感や執念をなくしてしまう場合がある。主力選手に「あきらめムード」が高まると、チーム全体にそれが広がり、その結果、淡白な戦い方になってしまう。

目標を失ったチームと、まだ目標があるチームでは、緊張感のレベルがまったく違う。どのチームも、春の開幕時点では、優勝を目指して良い緊張感を持って試合に臨んでいるが、シーズンが進むにつれ、優勝の可能性がなくなったチームから全体としての緊張感は消えていく。

そういう意味では、私にとって現役最終年だった２０１３年のペナントレース終盤の阪神は、まさに緊張感のなさが顕著に現れていた。２位で迎えた９月６日からの首位・巨人との３連戦。初戦こそ勝ったものの、２連敗。その後、別カードで引き分けをはさんで２つ落とし、結局、４連敗。さらに１つ勝ってまた３連敗と、蓄えていた貯金を大きく減らし、なんとか食らいついていた巨人とのゲーム差が一気に開いてしまった。巨人の安定したチーム状態を考えれば、もはやリーグ優勝は絶望的となってしまった。

この連敗の原因は、負けを重ね、優勝が遠のいていくごとに緊張感が薄れていったことにあったように思う。

そういう場合の対処法として、個人記録を1つの材料とすることがある。

例えば、「今日先発の○○は、最多勝がかかっている。今シーズン、ずっと頑張って投げてくれた○○をみんなで盛り立てて、今日は絶対、勝ちをつけてやろう」というふうに、チームを団結させるのだ。

13年の東京ヤクルトも、チームは低迷していたが、終盤はウラディミール・バレンティンのホームラン記録がかかっていたので、それをモチベーションの1つにして選手は戦っていた面があったのではないだろうか。彼のホームランが目玉となり、観客が増えれば、選手は燃える。「バレンティンが1本でも多く打てるように、1打席でも多く回そう」という気持ちでプレーしていた選手が大半だと思う。

ゆるんだチームを立て直すのは容易なことではない。とくにシーズン終盤で大事なゲームが続くときに緊張感を失っているようでは、頂点に立つことなどできるはずがない。

個々が良い状態を維持して戦力を落とさないことも大事だが、チーム全体が「程良い」緊張感を保てるようにみんなが心がけることも、同等に重視されるべきだと思う。

打者の集中力を奪うキャッチャーのタイプ

プロ野球の歴史の中では、程良い緊張感を保とうとするバッターの集中力を奪ってしまう名キャッチャーが何人か存在している。

有名なのは野村克也さんだろう。野村さんは、もちろん配球術にたけた方だが、それ以外にも、集中力を乱そうとマスク越しにバッターに話しかける「ささやき戦術」を駆使していたと聞く。ときにはプライベートな話題まで投げかけていたというから、集中をそがれていた選手が少なからずいたはずだ。

実際にプロに入って初めて「ささやき戦術」を経験したのは、広島の達川光男さん（現中日バッテリーコーチ）だった。東洋大学の先輩でもある達川さんは、私がバッターボックスに入ると、

「桧山、お前はいいバッターじゃけぇのぉ」

と、おなじみの広島弁で話しかけてくる。

「あ、ありがとうございます！」

打席では話す時間もないし、最初はそれぐらいしか返すことができなかった。まだ、ルーキー同然だったこともあって、

「あぁ、これが『ささやき戦術』か。やっぱりプロではこういうことが本当にあるんやな」

といった率直な感想をいだいたものだ。心を乱されるというよりは、いい経験をさせてもらい、軽い感動すら覚えたほどだ。

今では、「ささやき戦術」のようなある意味「奇策」を使ってくるキャッチャーはほとんどいない。野村さんや達川さんのような実力も個性もあり、なおかつ勝負に対して貪欲《どんよく》な選手が減ってきていることに対して、ファンの方も寂しい部分はあるかもしれない。放送席にいて、私もファンの方と同じようにワクワクできるようなユニークな選手がもっと出てきてくれることを願ってやまない。

さて、若いころは、ただ来た球を打つことだけで精一杯だった私も、プロとして経験

を積むに従って、キャッチャーの特徴が少しずつ見えるようになってきた。肩の強さ、性格、配球パターンなど、対戦が多かったキャッチャーの中から、特徴的な選手を何人か紹介してみたい。

まずは、2014年から中日の選手兼任監督となった谷繁元信。彼が同じ球種やコースを重ねてくることは、コアな野球ファンなら聞いたことがあるかもしれない。

例えば1、2球目に内角のストレート。バッターとしても、「もう内角はないだろう」と考えたところで、もう1球内角。そこまでは、まだ読める。ところが、さらにもう1球内角に投げ込ませるのが谷繁というキャッチャーなのだ。「谷繁はそういうパターンがある」と頭では警戒していても、その内角球を待つことは難しい。普通のキャッチャーなら、そこまで同じ球を重ねるのは躊躇《ちゅうちょ》するし、そんな単純なリードで打たれると、さすがにベンチからお叱りを受けるからだ。しかし谷繁の場合は、兼任監督になる以前から、チームの中では不動の存在。だからこそ、大胆なリードができる。まさしく、バッターとの配球の読み合いとなる。

ヤクルトで長年中心選手として活躍された古田敦也さんは、特徴の1つとして、肩が強く、そして、二塁への送球のコントロールもいいことが挙げられる。だから、ランナーは容易に走ることはできない。たいていのキャッチャーは、走れるランナーが一塁にいれば、盗塁を警戒して外角中心の配球になる。しかし、肩に自信がある古田さんは、あくまでも打者を抑えることを優先し、変化球もじゅうぶんあり得るので、配球が読みづらくなる。こういうタイプのキャッチャーもあまりいなかった気がする。

巨人の阿部慎之助は、凝《こ》った配球よりも、そのピッチャーのベストピッチで勝負するタイプのように感じた。直球が走っていれば直球中心、スライダーがキレていればスライダーを軸に組み立てる。そういう配球が多かった。そして、若いピッチャーには、どんどん強気で投げるよう叱咤激励《しったげきれい》し、投手陣を牽引《けんいん》している。

と、簡単に3人に触れただけでも三者三様。これだけカラーが異なる。いかにキャッチャーというポジションが奥が深いかということだ。

ほかのポジションであれば、人材に困ったときには外国人で補強するという手もある。しかし、言葉の問題などもあり、キャッチャーではそういう例は少ない。グラウンドの司令塔であるキャッチャーがしっかりすれば、チームが安定する。「いいキャッチャーが育てば、10年は安心」というのも、大げさな話ではないのだ。

そういう意味では、ドラフト4位で阪神に入団した、14年のルーキー・梅野隆太郎は、大きく育つ可能性を秘めているのではないか。

まだまだ粗削りではあるが、あのパンチ力のある打撃は魅力だし、先輩投手でも臆《おく》せず内角を要求するような思いきったリードも見せている。キャッチャーとして配球面が向上すれば、それがバッティングにも相乗効果として生きてくるので、さらにレベルアップできる。レギュラーになれば、ホームラン20本以上は打っても不思議ではない。

ただ、春先から夏場までと違って、シーズン終盤になれば負けられない試合が増えてくる。疲れもたまってくるだろう。そういった厳しい状況でいかに普段どおりのプレーができるか。自分のミスで星を落とすようなこともあるかもしれない。それを単なるミスとして考えずに、少しずつでも糧としていけるかに今後の活躍はかかっている。

1年目から、優勝争いしているチームの一軍でプレーできるというのは、誰でもできることではない。梅野には、打てるキャッチャーとして、ＯＢである田淵幸一さんや城島健司のような存在にまでなってほしい。

バッテリーとの駆け引きで勝つ秘訣

１９９９年からの３年間、私は野村さんから人間分析をもとにして配球を読む方法を学んだ。

この人間分析は、バッテリーとの駆け引きで大いに役に立つ。

とくに、大事な場面では、心理面での働きが結果に大きく響く。やたらめったらバットを振っているだけでは、相手の思うツボなのである。

ただ、相手のペースに飲まれないように、という意識だけで戦ってもいけない。バッテリーの出方ばかりを窺《うかが》うのは、すでに相手サイドの駆け引きのリズムに乗せられているということになる。

勝負を自分のペースに持ち込む。そうして自分の打ちたいボールをバッテリーに投げさせるように誘導する。そのためには、こちらから積極的に仕掛けていく必要もある。

「トリックスター」という言葉がある。辞書では「物語をひっかきまわすイタズラ者」などとある。プロ野球でも、このトリックスターと呼ばれる選手が稀《まれ》にいる。

「クセ者」と言われた、元巨人の元木大介も、その範疇《はんちゅう》に入るだろう。

例えば、ノーアウトランナー二塁で元木の打順だとする。打者としては右方向に打って、最低でも三塁にランナーを進めたい。バッテリーは、それをさせまいと、内角を突いてくる。そのとき、彼はどうするか。その内角の球を、思いきり引っ張るのだ。もし、それがファウルになったとしても、バッテリーとしては「あれ、右打ちしないのかな?」と、外中心の攻めに切り替える。そこで元木が、その外角球をまんまと右方向へ飛ばす。

このように、通常のバッテリーとの駆け引きの上をいくような、戦略的なバッティングができていたのが元木だ。西武やヤクルトで活躍した辻発彦さん（現中日内野守備・走塁コーチ）も、そういった選手だったと記憶している。

この選手たちの特徴は、突拍子もない行動に出ること。そして思いきりがいい。相手の頭の中をクエスチョンマークにさせて、その隙《すき》に一瞬で勝負をつける。まさに、相手を攪乱《かくらん》し、自分のペースへと引きずり込むのである。

野村さんはじめ捕手中心の野球は、緻密《ちみつ》なデータ分析と、相手の裏をかくような予想外の采配《さいはい》が表裏一体として存在している。データを研究し、相手の弱点を見抜いたうえで、どのボールから入り、またどのボールで仕留めるかまで、プロセスが綿密に計算されている。

バッテリーが仕掛ける駆け引きの最大の目的は、バッターの思考や動作のリズム感を狂わせ、自分のバッティングをさせないことにある。

バッター側もまた、配球を読むと同時に、投球リズムを狂わせ、打ちやすいボールを投げさせるように導こうともする。

初球の甘い球をあえて見逃して、バッテリーの出方を見るというのも1つの手だ。ストライク1球をみすみす相手にプレゼントするのはバッターとしても大きな賭けだが、キャッチャーの配球にも迷いが生じて、2球目以降の組み立てが狂う場合だってある。

バッターはそのあいだの数秒で考えを巡らせ、一瞬に勝負をかけるのだ。

だが、中にはバッターに考える間《ま》すら与えないピッチャーもいる。

それが、13年のメジャーリーグのワールドシリーズでレッドソックスの胴上げ投手となった上原浩治だろう。

彼は巨人時代から投球間隔が非常に短く、コントロールがいい。速いテンポでどんどんストライクを取ってくる。バッターに考える時間を与えないから、1度バッターが裏をかかれると、対処が難しくなる。

かと思えば、ピンチになると少し間をとったりしてリズムを変えてくる。バッターに主導権を握らせないコツを熟知しているのが上原というピッチャーだ。

そうした好投手相手に役立つのが、様々な場面における配球データだ。

得点圏などの勝負どころでは、イニングや点差、アウトカウント、過去の打者別の対戦成績といった各状況ごとのバッテリーデータは役に立つ。

プロの選手は、ただ技術だけでプレーしているわけではない。様々なデータも活用して、総力戦で勝負しているのだ。

打席でアクションを起こす

駆け引きについて、もう少し踏み込んだ話をしてみたい。

あるときの経験が同じバッテリーと再び対戦するときにプラスになるかと言えば、必ずしもそうとは言えない。私がバッテリーのデータを参考にするように、相手も私のデータを日々蓄積していっているからだ。

そして、対戦成績で分《ぶ》が悪く、苦手だったピッチャーもいた。では、そんな場合はどうするのか。打開するには「予想外の動き」が効果的だ。

前出のトリックスターと呼ばれる選手は、相手の意表を突くような行動をとる。そうした想像を超えるアクションに必要なのは、一瞬のひらめきだ。瞬間的に自分の中で浮かんだひらめきをしっかりとつかみ、実行できる選手こそが、まさにトリックスターと言えよう。

私も苦手投手と当たったときだけは、トリックスター選手同様に、普段の自分のスタイルを少々崩してでも、アクションを起こすようにしていた。

バットを短く持ちかえたり、バッターボックスでの立ち位置を変えたりする。打席ごとに、そのときのインスピレーションで変化をつけるのだ。

普段と違う立ち位置にしたり、バットを握る位置をその場で変えたりするのは、実は非常に勇気がいる。しかし、それ以上に、なにかアクションを起こすことでの波及効果に期待をかけるわけだ。

セ・パ交流戦が施行された最初の年である05年。その5月18日の西武戦で松坂大輔から打った2ランホームランは、自分のひらめきを信じたゆえの結果だったと思う。

松坂は横浜高校3年のときの甲子園春夏連覇、そして西武入団後のオープン戦を含め、甲子園で7年にわたって15連勝中だった。自分とは11歳と、およそひと回り歳《とし》の離れた選手とはいえ、そう簡単に打たせてくれるピッチャーでないことは理解していた。

6番ライトで出場したこの試合。2回裏、1アウト一塁の場面で打順が回ってきた。松坂と言えばストレート。あの力強い真っ直ぐを強く打ち返すために、いつもよりバットを短く握った。その結果、松坂の投じた149キロのストレートは、右中間への先制2ランホームランへと変わった。

試合も3対2で逃げきり、この日、阪神は、ようやく松坂の甲子園不敗神話を終わらせることができた。好投手を攻略できた思い出のシーンだ。

常に同じようなバッティングをしていては、強敵であればあるほど打ち崩すのは難しい。自分からなにかアクションを起こし、相手にもなにかを感じさせることが必要だ。もし、そのときに結果が出なかったとしても、その後の対戦で役立つ場合もあると思う。

客観視する目を身につける

阪神に入団してすぐのころ、まだ現役選手だった現監督の和田豊さんが試合直前までスコアラーからもらったデータ資料を熱心に眺《なが》める姿は、今でも記憶に残っている。

ほとんどの選手は、試合前に行われる15分程度のミーティングでデータを確認して終了。しかし、和田さんだけは、全体ミーティングが終わっても、試合開始前の20分ほどの待機時間にまた、目を凝らしてデータをチェックしていた。

そんな先輩を見て、私は単にピッチャーの癖や投球パターンを頭に入れ込んでいるだけだと思っていた。

しかしあのとき、和田さんはただ相手投手の配球の傾向を見ていただけではなかった。今でこそ、自分なりの方法で相手ピッチャーを研究する選手は多いが、あの時代はほとんどの選手がスコアラーからもらった資料に目を通すのみ。初球にどんなボールを投げるのか、決め球はなにか、カウント別の球種はどうなのかなど、あくまでもピッチャーの傾向を調べるだけだった。

当時の私もまた、スコアラーから配られたデータを頭に詰め込んではいたものの、その一歩先を読むことはなかった。というより、そんな考え方すら持ち合わせていなかった。

しかし、和田さんはスコアラーから受け取った資料を自分なりにさらに深く読み解いていた。そこにある球種・コースの割合という数値的なものだけではなく、相手バッテリーが自分にどんなイメージをいだいているのかまで導き出し、熟知していた。

ホームランを狙ってくるバッターか、それともヒット量産型なのか、よく打たれて苦手意識があるバッターか、はたまた打ち取りやすいと思っているバッターか……など、そのバッテリーが自分に対してどういう打者イメージを持ち、配球を組み立てていたのか。それをもとにして、俯瞰的《ふかんてき》に自分という打者をとらえる。和田さんは自分を客観視することで、相手の戦略を読もうとしていたのだ。

だが、当時の私はそんなことも知らず、ただただ熱心に資料を見つめる和田さんの姿に、「まじめな人やなあ」という印象を持ったのを覚えている。

和田さんが行っていた、自分を客観視するイメージ研究の真意に私が気づいたのは、それから数年後の99年。野村さんが監督に就任してからだった。

緻密《ちみつ》なデータ分析を行っていた和田豊現監督とは現役時代も一緒にプレー。

野村さんからデータ分析の必要性を学んだことで、和田さんがかつて実践していた、自分を客観視するイメージ研究の意味がわかるようになった。データを細かく見れば、ピッチャーが自分にどんな印象を持って勝負をしているのかを知ることもできる。対戦回数が増え、いろんな結果が出てくることで、バッテリーが私に対して持つイメージも変わってくる。グラウンドで100%の力を発揮するには、こうした相手の心理や戦略を把握する努力が必要となる。

データから相手の心理を解き明かし、配球を読む手がかりにする。その作業がバッテリーの上を行ったり裏をかいたりして、勝負を制する一瞬につながるのだ。

2年目のジンクスの正体

華々しく活躍したルーキーに2年目のジンクスが起こる原因は、1年目のデータが分析され、対策が練られてくるからだ。

よく、バッターは初物に弱いと言われる。それはデータがまだ少ないということが要因の1つだろう。

データがなければ、配球に対する事前の対策のしようがない。頼りになるのは、これまで培《つちか》ってきた経験と、ストレートや変化球に対する瞬発的な対応力だけになる。

もちろん各球団は、新人たちのデータを積み上げて、攻略法を模索していく。それを打ち破ってでも結果を出し続けられるかどうか。そこで本当の実力が問われる。

13年はライアン投法と呼ばれるフォームが特徴的なヤクルトの小川泰弘の16勝を筆頭に、日本一の原動力ともなった楽天の則本昂大《のりもとたかひろ》が15勝、巨人の菅野智之が13勝など、1年目のピッチャーが多くの勝ち星をあげた年でもあった。

もちろん、初年度から2ケタ勝利をあげられるのは、並の素材ではない。

しかし、彼らのように1年目から活躍した投手が、翌年以降もまた同レベルの成績を残せるかと言えば、必ずしもそうとは言いきれない。2年目になると1年目に投げたデータをさらに細かく分析され、丸裸にされてしまう。それが原因となり、2年目のピッチャーは成績が思うように上がらなくなることがよくある。去年と同じフォーム、同じタイミングで投げているにもかかわらず、打たれてしまう。1年目に活躍したピッチャーは、大なり小なりこの壁を感じると思う。これが2年目のジンクスの正体だろう。

それを乗り越えて、故障などもありながら、2年目の14年もそれなりに結果を出している小川や則本、菅野らは、実力者と言えるのではないか。

初めて活躍した次の年、という意味であれば、バッターにも同じことが当てはまる。1年目はいい打率を維持していたのに、2年目ではさっぱり。これは前年の活躍を見て警戒した相手バッテリーが、より厳しく攻めてくるからで、それはいいバッターと認められた証《あかし》でもある。

いずれにせよ、活躍したプロ野球選手は、ピッチャーであれ、バッターであれ、相手に対策を講じられるのは当たり前だ。ましてや、新人にしてやられた先輩たちは、必死になって、その選手のプレースタイルを研究してくる。2年目のジンクスは、まだまだ試合経験が浅く、俯瞰的に自分を見ることができていない若手がおちいりやすい現象なのかもしれない。

他人から見て、自分はどういう選手として映っているのか。

この自分を客観視するスキルを早く身につけることによって、一流選手に近づいていく。先ほども触れたように、和田さんは自分に対する客観的視点を養うために、ほかの選手より深くデータを読み込んでいたし、野村さんは客観的なデータをもとに選手の心理を分析して作戦を練っていた。

バッテリー心理を見極めるには、相手側のその特別な目を、自分も持つしかない。客観的な視点で自分を見ることで、自らの抱える課題や弱点を知る。

野球に限らず、どのスポーツでも、俯瞰的な視点から自分のウィークポイントを知ることは重要だと思う。

常に謙虚な気持ちを持つ

13年10月5日の引退試合での失敗は忘れがたい。

せっかくスターティングメンバーとして出させてもらったにもかかわらず、私は悔いの残るプレーをしてしまった。

ポジションは5番ライト。先発として試合に出るのは約1年半ぶりだった。

私がプロとして22年間プレーを続けられたのも、ファンの方はもちろん、周囲の人たちの応援や支えがあってこそだ。あの日、私は今まで自分の現役生活を支えてくれた人たちを球場に招待していた。

「最後にいいところを見せたい」

そう意気込んでいた。だが、その思いが強すぎたばかりに、それがいつしか傲慢《ごうまん》さに変わっていた。

2回裏、1アウトランナーなしで回ってきた1打席目は巨人の先発・小山雄輝《ゆうき》に対してレフトフライであえなくアウト。3点を追う4回裏の2打席目は、ライトフライに倒れてしまった。

久しぶりにスタメンで出場したというのに、結果は立て続けの凡打。

しかも、この日の阪神の先発は、まだ1年目の藤浪晋太郎。この時点で彼はすでに10勝（最終勝ち星も同じ）。阪神の高卒ルーキーでの2ケタ勝利は、あの江夏豊さんが記録した1967年以来46年ぶりの快挙だった。

「桧山さんの最後なので、試合は壊しません」

彼が試合前にそう言ってくれたのは、先輩として素直にうれしかった。同時に頼もしくも感じられた。

だからこそ、その日の試合では、期待の新人に勝ち星を贈りたい気持ちも強かった。そして、こんな節目の試合で、みっともないプレーを見せたくなかった。

7回裏1アウトランナーなしで迎えた第3打席。これが結果的にレギュラーシーズンでの最終打席となったが、そんな強い決意を持ってバッターボックスに立っていた。ちょうどそのとき、甲子園には本塁から外野方向への、バッターに有利な風が吹いていた。なんとかいいところを見せたい、打ちたいという気負いがある分、その風をいつも以上に意識してしまった。

その瞬間、自分の中の「ホームランを打ちたい」という欲が一気に表に出てきた。そうなると、スイングは自然と大振りになる。

ホームラン狙いで、そう簡単に打てるような世界ではない。そんなことは、22年間の現役生活でいやというほど学んできたはずだったが、時すでに遅し。

結果は一塁へのボテボテのゴロ。

今、振り返っても、本当に悔しい凡打だった。「最後に一発打ちたい」と気持ちが先走ったばかりに、懸命に投げてくれた後輩や、せっかく足を運んでくれたファン、家族や仲間たちの前でヒット1本すら放てなかったのは、我ながら情けない。悔しさが募《つの》る、最後の打席だった。

この22年間の現役生活。

「常に謙虚に」

この言葉を自分に言い聞かせ、この言葉と向き合ってきた現役生活だった。

打席に立つときに感じる「程良い」緊張感。バッテリーとの駆け引き。的確な判断をする冷静な心。打者に必要なこれらすべての心得は、謙虚さがあるからこそ実践できるメンタル術でもあった。

それがこともあろうに、自分のプロ人生を締めくくるであろう試合の最終打席で、私はその謙虚さを忘れてしまったのだ。欲を出して自分を見失い、ただの格好つけに成り下がっていた。

この日はスタメンで起用していただき、3度も打席に立たせてもらったことで、欲が出てしまったのかもしれない。

1人の人間として成長させてくれた家族の存在

引退試合の最終打席は悔しいものだったが、セレモニーで、家族に感謝の気持ちを伝えられたことは良かった。

妻の紗里《さり》は結婚以来、体調面でも精神面でも私を支え、野球生活を絶えずあと押ししてくれた。成績が伸びなくて私が悩んでいた時期には、「もっと楽しんでやればいいのに」と、プロ選手とは全く違った角度からメンタル面のアドバイスを送ってもらった。鬱々《うつうつ》とした私の心情を理解しているからこそ、笑顔で接してくれる。その甲斐《かい》もあって私は、どんなに不調でも腐らず、前向きになって野球に打ち込めた。

選手生活を振り返っても、私の中で妻の存在は大きかった。

私が結婚して家庭を持ったのは00年。31歳のときだった。

結婚をしてから学んだことは多い。人生の節目となる結婚によって、それまで1人で気楽にすごす日常が当たり前の生活リズムが、ガラッと変わった。家族を持ち、一緒に暮らすことによっていろいろ気づくことがある。そして、責任感も生まれる。

自分がこんな行動に出ると、相手はどんなふうに感じるのか。

この相手とは、私にとって妻の場合もあれば、チームメイトの場合もある。はたまた、広義にとらえれば、試合で何度も対戦する相手チームの選手も含まれるかもしれない。

そういう意味で結婚は、現役を長く続けるためのスキルを磨ける1つのチャンスでもあった。もちろん、結婚しなければ、この技術を持てないというわけではない。絶えず気にかける相手がいれば、それでもいい。ただ、結婚はそのきっかけ作りになりやすいということだ。

気づかいはプロ野球選手の世界でも役に立つ。とくに選手会長やチームリーダーなど、選手を引っ張っていくポジションは、今、周囲がどんなことを考えているのかに常に気を配らなければ務まらない。この相手の感情を読むスキルは、まとめ役にとってはなくてはならない要素だ。

もちろん、プロ野球選手である以上、個人の能力を磨く必要があるのは言うまでもないが、チームで優勝を目指すことを考えれば、おのおのの役割を理解するという意味でもコミュニケーションが必要だ。

いくら実力があっても、まわりと意思の疎通ができなければ、その能力が生きないこともある。これでは宝の持ち腐れになってしまう。

チーム内でコミュニケーションをとることで、その選手個人の性格がわかる。タイプがわかれば、試合の中での自分の役割がより明確になるし、チームの団結にも役に立つ。

私の場合、同じ屋根の下で生活をする人がいたことで、自然と気持ちにもメリハリができた。家族との触れ合いは、練習や試合後のリフレッシュにもなる。独身時代のように、試合での失敗を持ち込んだまま眠りにつくことが少なくなった。

家族がいるからこそ、また新たな気持ちで野球に向き合えることができた。スタメン落ちから代打に行きつくまでの過程で、この結婚生活がなければプロ野球選手として生き続けられなかったかもしれない。

最終打席でのホームラン

13年10月13日。クライマックスシリーズのファーストステージでの対広島第2戦。9回2アウト。これが私の現役最後の打席となった。同時にこの打席は、自分がこれまでに学んできたメンタル術が凝縮《ぎょうしゅく》された場面だと思っている。

その年の阪神のシーズン順位は2位。首位の巨人に12・5ゲームという大差をつけられていたものの、クライマックスシリーズから日本一を目指すルートがある以上、まだまだその先を期待できる状況ではあった。

甲子園球場で迎えたファーストステージの相手は、勢いがある3位の広島。公式戦の対広島は、12勝12敗とイーブンながら、直近10試合での戦績は3勝7敗と阪神が大きく負け越していただけに、対戦前から厳しい展開になるという恐れはあった。

案《あん》の定《じょう》、1戦目は広島のエースである前田健太の前に1対8で完敗。続く2戦目も、9回表終了までで2対7と広島にリードされている。負けたら終わりの大一番。阪神はまさに崖っぷちに追い込まれた状態だった。

このままゲームセットとなれば、これが私の現役最後の試合になる。時がたつごとに、その予感が現実味を帯びていった。

「桧山、5番で行く。用意しといてくれ」

9回裏、阪神の攻撃に移ると、コーチから指示があった。そのとき5番に入っていた俊介に代わる起用だ。

「はい」

そう返事をしたとき、不思議なほど動揺はなかった。9回裏は2番からの打順。もし3者凡退に終われば出番はない。と同時に、シーズンと私の現役生活が終わる。まだ忘れ物を取りに行っていない。

日本一。

それは私が22年間追い続けてきたものだった。

2番、3番と倒れ、次は4番のマット・マートンの打順。ネクストバッターズサークルにいた彼が、バッターボックスに向かい、入れ替わるように私がネクストに入った。その瞬間、右打席に入った彼と目が合ったのだ。

これはあとから聞いた話だが、あのときマートンは、私がスタンバイしているのを見て、

「絶対、桧山さんに回さないといけない」

と強く思ったそうだ。そして、ライト前ヒットで出塁。あの場面で打てるのだから本当にすごい。一塁に生きたマートンが、塁上からまたも励ましてくる。

「さあ、出番だよ！」

もちろん声は聞こえないが、そういうジェスチャーでエールを送ってくれた。

「つないでくれてありがとう」

私はマートンへの感謝を心に携《たずさ》え、打席に入った。

しかし、そんな気持ちとは裏腹に、バットを構えると、目の前にいる相手投手は、私が苦手意識のあるキャム・ミコライオ。その年、彼と2度対戦をしていたが、2打席とも完璧に抑え込まれ、三振に終わっている。

とにかくマイナスイメージばかりがつきまとう打席だった。

だからこそ、よけいに謙虚にいこうという思いが大きくなった。

そして、先日の引退試合での反省を生かし、センターへ返すことだけに集中し、ボールを待った。

実は、3日ぐらい前から、バッティングの調子が上向いているのを感じていた。それもあって、思わず手が出てしまいそうな1球目の153キロの低めのツーシームをしっかり見逃すことができた。

打席で1つボールを見たことで、ふっと冷静さを取り戻す。同時に、謙虚さばかりに気をとられ、構えが少し小さくなっていることに気づいた。

引退試合の巨人戦での反省が強すぎたのだ。

そして迎えた2球目。ミコライオの投じたのは、決して甘くない154キロの内角のストレート。

芯《しん》でとらえたボールは、甲子園球場のライトスタンドへと吸い込まれた。

公式の試合では、実に2年ぶりのホームラン。22年間の中でもあれほどうまくミートできた打席はないと、今でも実感している。

あの場面、私は自分の「瞬間の力」を、野球人生で最高に発揮できたからこそ、ホームランを打てたのだと感じている。そのために必要なものは、ここまで書いてきたことにある。

どんな場面でも動揺せず出場できるように備えるシミュレーション力。

日本一というノルマを課すことで生み出される緊張感。

ピンチのときこそ、自分のマイナスイメージを覆《くつがえ》し、チャンスと思える向上心。

自分の出過ぎた欲を抑え込むための謙虚さ。

ボールに対して柔軟に対応できる冷静さ。

あの打席は、偶然にもこのすべてが重なり合った瞬間だったのかもしれない。

試合後、ライトスタンド付近まで挨拶《あいさつ》に行ったが、阪神ファンだけでなく広島ファンからも大きな声援をいただいた。

そしてもう1つ、あのホームランは私にとって特別な意味がある。

あの日、甲子園球場の観客席には、先日の引退試合同様、家族を呼んでいた。

実を言えば、今まで私は、息子2人が球場に応援に来た試合でホームランを放ったことが1度もなかった。目の前で打席に立つ私に対して、子どもたちは三振や凡打のイメージが強いようだった。

「パパはいつも三振ばっかりや」

子どもたちに、笑いながらそう言われたこともある。最終打席でのホームランは、私が初めて子どもたちの前で打てたホームランでもあった。

試合が終わって、妻の携帯に電話をかけた。

2013年10月13日、甲子園での広島戦。現役最後の打席で、思い出に残るホームラン。

「お疲れさま！　良かったね～！　でも、球場に行けなかったのよ、ごめ～ん！」

「えっ!?」

「学校の行事が長引いて、間に合いそうになかったから、家のテレビで子どもたちと見てた。みんな感動してたよ！」

来てなかったんかい！　まあでも、テレビとはいえ、リアルタイムで子どもたちにホームランを見せられたのは初めてだった。それが現役最後の打席とは、父としてこれほど劇的なこともないだろう。

それだけで22年間が報われるような気がした。プロとして現役最後の試合でそんなふうに思える私は、つくづく幸せ者だと感じている。

おわりに

代打というものは、特異な役割だ。

代打はレギュラーではない。試合の表舞台にずっといるわけではない。

だが、チームメイトがチャンスを作り、球場がひときわ盛り上がった瞬間が出番だ。

ファンはヒーローの登場を今か今かと待っている。

ホームグラウンドでは、対戦ピッチャーは悪役だ。

観客は常に、ヒーローが悪役を倒すドラマを期待する。

ヒーローが悪役をそのバットで倒すと、球場全体が我がことのように喜び、知らないファン同士が抱き合う。

阪神ではいつからか、「代打の神様」と呼ばれる専門の職人が現れた。

古くは川藤幸三さんから、真弓明信さん、八木裕さん、私へと、そのＤＮＡは脈々と受け継がれてきた。そして今は、関本賢太郎がその役目を担っている。

野球は9人だけでやるものではない。ピッチャーでも、先発、中継ぎ、抑えがいるし、野手でも、スタメン以外にも、守備固め、代走、そして私のような代打もいる。ベンチにいるみんなが一丸となって勝利へ向かうところに野球の素晴らしさがある。

その中には、「代走の神様」がいてもいいし、「守備の神様」がいてもいい。抑え投手は、すでに「守護神」と呼ばれるように、もう神となっている。そして、その中から日替わりでヒーローが生まれる。

ファンは、弱いチームを助けるヒーロー像を選手に重ね合わせて、「神様」の登場を待ったのではないか。

ひと昔前の阪神というチームは、ヒーローや神様が少なかったのかもしれない。阪神劇場を訪れても、悪役に倒されるシーンばかり見せられる。阪神ファンからすれば、まさに「悲劇」の連続だ。

私もその当時、新庄剛志とともに叱咤《しった》激励《げきれい》を受けた1人だが、今思えばあのときの甲子園の応援は本当に熱かった。

こうして私が22年間、阪神ひと筋で野球を続けられたのも、低迷期からファンと一緒になって戦ってこられたからだと思う。

負け続けるのは、もちろん悔しい。

なにがなんでも勝ちたい。

そしてファンやチームメイトとともに喜び合いたい。

本書にそんな私の22年間の熱意を詰め込んだのは、お読みいただいたとおりだ。

若手時代には「エレベーターボーイ」と呼ばれ、一軍の試合をただ眺《なが》めるだけの時期が続いた。

4番に座れば、その責任に押しつぶされそうにもなった。

レギュラーから外される屈辱も味わった。

晩年は代打として、1打席の勝負に挑んだ。

そして今は解説者として、また、いち野球ファンとして、スタンドから阪神の選手たちのプレーを中心に見させていただいている。目の前で起こったことを即座に解説するのは非常に難しいが、少しずつ形になってきた手ごたえは感じている。

このように、様々な立場を経験できたからこそ、気づけた部分は多い。

もちろんこの先も、大好きな野球をさらに極めるために、そしてお世話になった阪神にいつか恩返しができるように、もっともっと勉強していくつもりだ。

幼少時代や学生時代、22年間というプロ生活で私が培《つちか》ってきた、自分なりのメンタル面でのノウハウやプロとしての考え方。

そうした本書の内容が、みなさんの生活の支えになったとき――。それは私にとって、野球をやってきて本当に良かったと思える瞬間でもある。

最後になるが、本書の発行にあたって、多くの方にご協力をいただいた。阪神タイガースやホリプロの関係者、廣済堂出版の関連スタッフの方々、そしてなにより最後までお付き合いいただいた読者のみなさん、本当にありがとうございました。

２０１４年10月

桧山進次郎

協　　力　株式会社阪神タイガース
株式会社ホリプロ
プロデュース　寺崎敦(株式会社no.1)
構成・撮影　加藤慶・三本真・小川内孝行(studio KEIF)
写真協力　スポーツニッポン新聞社(オビ、P201)
産経新聞社(P33、P61、P76、P87、P143、P185)
D T P　株式会社三協美術
編集協力　長岡伸治(株式会社プリンシパル)
矢島規男 根本明 松本恵
編　　集　岩崎隆宏(廣済堂出版)

待つ心、瞬間の力
阪神の「代打の神様」だけが知る勝負の境目
2014年11月15日　第1版第1刷

著　者　桧山進次郎
発行者　清田順稔
発行所　株式会社廣済堂出版
〒104-0061　東京都中央区銀座 3-7-6
電話 03-6703-0964(編集) 03-6703-0962(販売)
Fax 03-6703-0963(販売)
振替 00180-0-164137
http://www.kosaido-pub.co.jp

印刷所
製本所　株式会社廣済堂

装　幀　株式会社オリーブグリーン
ロゴデザイン　前川ともみ＋清原一隆(KIYO DESIGN)

ISBN978-4-331-51807-6 C0295